"十四五"国家重点出版物出版规划

江口沉银
四川彭山江口古战场遗址
文物考古研究丛书

江口沉银遗址出土历代钱币卷

四川省文物考古研究院
国家文物局考古研究中心
眉山市彭山区文物保护研究所 编

巴蜀书社

江口沉银
四川彭山江口古战场遗址文物考古研究丛书
编委会

顾问 王 巍　谭继和　姚乐野　霍 巍　罗仲平
　　　 高大伦　宋建忠　彭 勇　赵世瑜　胡东波

主任 唐 飞
委员 周科华　姜 波　马燕如　李映福
　　　 王 枫　梁 兰　林 建　侯安国

主编 刘志岩
编委 胡 钢　刘思然　周 军　蒋雪中
　　　 周春水　梁国庆　谢振斌　王 冲
　　　 李 飞　杨 宇　胡凤翔　吴天文
　　　 李 东　鲁 昊　佟 珊　周羿杨
　　　 李玉牛　邱 添　何枫杨　刘百舸
　　　 黄 琳　杨 帆　鲁海子　罗元香

总序

江口沉银遗址是中国百年来最为重要的明清时期考古发现。该遗址2005年被发现，随后公布为文物保护单位，2017年进行了首次考古发掘。考古工作者根据文献记载并结合出土实物，确认遗址的性质是明末张献忠大西军与杨展南明军于1646年发生江口之战的古代战场遗址，实证了张献忠江口沉银的传说。

江口沉银遗址出土了迄今为止数量最多的明代金银文物和大西政权文物，并且首次发现了张献忠册封妃嫔所用金册和明代藩王世子所用金印。遗址内出土文物的种类以金、银、铜、铁等金属材质为主，器物类型主要以金银货币、金银首饰和金银器具为主；这些器物年代从明代中期一直到明代晚期，延绵上百年的历史，同时也承载了跨越了明代大半个中国的地域信息。从等级上来看，这些文物不仅有张献忠大西政权和明代各地藩府的皇室珍藏，亦包含属于明代官府乃至平民的遗物，涵盖了明代社会的各个阶层。这批文物来源地域广泛，内涵非常丰富，涉及明代社会的政治、经济、历史、文化和军事等多个方面，是考古资料对明代社会最为全面的一次反映，尤其对研究明末清初的历史格局具有重要意义。

除此之外，江口沉银遗址因地处岷江与府河交汇处，扼进出成都水路之咽喉，历来为兵家必争之地。至明清时期，更发展成为一繁荣集市。因此在遗址中，除了与江口之战相关的文物被发现以外，还出土了大量上至西周、下至民国时期的历代文物，其中以先秦时期的青铜兵器、工具和战国至民国时期的历代钱币最具代表性，也不失为遗址内的又一类重要考古发现。

为认真落实《关于实施中华优秀传统文化传承发展工程的意见》《建设文化强省中长期规划纲要（2019-2025年）》《关于加强文物保护利用改革的实施意见》等中共四川省委、四川省人民政府关于文化建设的决策部署，进一步开发本省以文物为载体的丰富资源，繁荣和发展四川文化，四川省文物考古研究院推出的《江口沉银：四川彭山江口古战场遗址文物考古研究丛书》（以下简称"江口沉银"研究丛书），总结了江口沉银遗址的考古发掘工作，提供了最新最全的文物整理信息和保护研究成果。"江口沉银"研究丛书出版的意义主要体现在以下四个方面：

一是首次全面完整地展示了江口沉银遗址的考古研究成果，有利于促进四川地区明清考古工作的发展，提升四川地区内水考古工作水平，展示了四川田野考古的创新能力，显示了四川省对文化资源的高度重视和保护。

二是有利于推动明清史领域的相关研究。江口沉银遗址是中国明清时期的重大考古发现，为我们研究明末张献忠的历史传说提供了实物佐证，也为研究农民起义军的征战历史、政权建设和经济建设提供了海量原始资料，极大丰富了明代历史文化内涵；同时这些出土文物也对研究明代社会的政治经济状况和物质文化形态起到了重要作用，活化了明末四川历史场景。

三是展示了国内内水考古新理念和新技术的具体应用，是新时期考古发掘工作的典范。江口沉银遗址考古是一次传统与高科技手段相结合的考古发掘，开创了全新的考古工作类型。丛书中的科技考古篇章，总结了江口沉银遗址发掘的科技考古工作，如首创围堰考古的工作模式，以及在发掘过程中运用的地球物理探测、水文分析等科技手段。科技考古成果的出版，将为今后我国内河遗址的考古发掘，提供工作式范和经验借鉴。

四是实践了考古融入公众生活，与公众共享考古成果的理念。从江口沉银遗址考古发掘伊始，四川省文物考古研究院即向公众提供了参与本次考古发掘工作的机会，在国内首次面向全社会招募考古志愿者，并允许志愿者全程参与考古发掘。丛书中的公众考古篇章，即江口沉银遗址考古志愿者活动的成果体现。考古志愿者在公众与考古之间搭建了可以沟通的桥梁，让公众真正有机会认识考古并共享考古成果。

"江口沉银"研究丛书遵照"全面呈现、客观还原、注重创新、面向公众"的原则，将江口沉银遗址六个年度（2017-2022年）的考古发掘成果，进行整理研究和编辑出版。在"全面呈现、客观还原"的原则下，以图录的形式刊布考古基础材料，主要为典型器物的高清图片、线图、拓片、尺寸和重量等信息资料，由考古单位权威发布，及时向学界呈现江口沉银遗址出土文物的全貌。在"注重创新、面向公众"的原则下，运用新理念、新技术和新方法开展考古研究，同时也对公众考古工作进行了总结。

"江口沉银"研究丛书从考古资料公布、文物考古研究、科技考古和公众考古等多个角度，对江口沉银遗址的考古成果进行了较为完整系统的刊布，总计分为十卷。前五卷是《江口沉银遗址出土金银货币卷》《江口沉银遗址出土金银器饰卷》《江口沉银遗址出土历代钱币卷》《江口沉银遗址出土器物线图卷》和《江口沉银遗址公众考古卷》，主要为考古资料刊布；后五卷为《江口沉银遗址出土金银册宝研究》《江口沉银遗址出土金银器饰工艺研究》《江口沉银遗址出土金银货币研究》《江口沉银遗址出土历代钱币研究》和《江口沉银遗址地球物理探测与河流水文分析》，侧重于对遗址本体及出土文物的考古研究等。

"江口沉银"研究丛书的编撰启动于2021年，由四川省文物考古研究院组织北京大学、四川大学、电子科技大学、华东师范大学、中央民族大学、国家博物馆、国家文物局考古研究中心、中国地质调查局成都地质调查中心等单位的二十余位专家共同完成。丛书的出版得到了国家文物局、中共四川省委宣传部、四川省文化和旅游厅和四川省文物局的大力支持，得到了国内外诸多专家学者的指导和帮助，在编辑过程中巴蜀书社亦投入了大量的精力，在此一并表示衷心感谢。

唐飞

2023年3月1日

目录

序 …… 006

古钱 …… 008

中国钱币 …… 010
战国 / 011
西汉 / 013
新莽 / 022
东汉 / 028
三国 / 035
西晋 / 046
十六国 / 047
南北朝 / 048
隋 / 049
唐 / 050
五代十国 / 060
北宋 / 061
南宋 / 077
金 / 082
元 / 083

明 / 084
大西 / 091
　附　南明 / 139
清 / 142
民国 / 229

国外钱币 …… 230
越南 / 231
日本 / 235

压胜钱 …… 237
元 / 238
清 / 239

机制币 …… 240

清 / 242
民国 / 244

后记 …… 246

序

江口沉银遗址位于四川省眉山市彭山区江口镇岷江河道内。该地北距成都市约60千米，南距眉山市约20千米。岷江自都江堰分水为内外二江后，穿成都平原而过并交汇于此。得益于优越的地理位置和便利的交通条件，该处素有成都"南大门"之称。

彭山旧称武阳，据《华阳国志·蜀志》《元和郡县图志·眉州·彭山》等文献记载，武阳是秦人入蜀后，蜀王南迁的最后据点，相传武阳城即是秦人修筑的重要城址。东汉以后，武阳成为犍为郡治，武阳城已颇具规模，"观楼壮丽，为一州胜宇"（《华阳国志·蜀志》）。南齐时，由于犍为郡治徙于僰道，武阳县自此衰落，但流经武阳的岷江却一直发挥着连接贸易往来、沟通南北交流的重要作用。在明清时期，该地成为成都平原最重要的码头之一，"来往商旅泊舟憩息，每日约有数百艘"（嘉庆《彭山县志》）。省内外大量商人汇聚于此，设货栈、开字号、装运货物、进行交易，当地有谚云："湖北的汉口，四川的江口。"正是因为该地长时段丰富的人类活动和频繁的贸易交流，才使得数万枚历代钱币埋藏于岷江水底。

2017年以来，四川省文物考古研究院联合多家单位对江口沉银遗址进行了系统的调查和发掘。采用围堰的方法将水下考古转变为陆地考古，布设虚拟探方后，以水平层为单位对出土遗物进行记录和提取。在出土大量钱币的同时，最大限度地保留了遗物出土时的原始信息，为进一步研究提供了基础。

江口沉银遗址出土钱币大致可以分为两类，一类是与张献忠"江口沉银"事件直接相关的大顺通宝铜币和西王赏功金、银币。顺治三年（1646年），张献忠在向南进行转移的过程中，于彭山江口突遇前明参将杨展的袭击，这让张献忠所掠金银沉于江中。三百余年以后，江口沉银遗址出土的大顺通宝和西王赏功不仅明确了遗址的性质，也证实了文献中张献忠"江口沉银"事件的真实性。同时，大量保存良好的大顺通宝铜币和首次经科学发掘出土的西王赏功金、银币，为研究大西政权货币制度、赏功制度等问题提供了全新资料。江口沉银遗址出土的另一类钱币，是自战国以来掉落于此河道中的历代行用钱、压胜钱。这些钱币包含了两千年来大部分四川本地铸币以及来自不同行政区划甚至是不同国家的铸币。受到政治、经济等多种因素的影响，不同时代的钱币在数量和种类上存在差异。因此，从纵向上看，对江口沉银遗址出土各个时代钱币的梳理，有利于从钱币的角度研究该区域社会经济的历时性变迁。从横向上看，来自同一时代，但不同区域、不同性质的钱币，为了解各个时代钱币流通的真实情况以及钱币背后所涉及的贸易交流提供了实物证据。

总体而言，江口沉银遗址出土历代钱币的价值不仅在于多，而且在于精，不仅浓缩了四川历代古钱精品，而且囊括了国内外钱币纲目性品类。通过科学的考古发掘和整理方法，这些钱币不再是长埋于江中的历史碎片，而是勾勒出历史发展脉络的文化载体。因此，对江口沉银遗址出土钱币的发掘与研究，也是对古代货币史、经济史的复原与构建。

·遗址出土历代钱币卷·

古钱

中国钱币

战国

半两

战国｜铜

直径 3.12 厘米
孔径 0.88 厘米
厚度 0.10 厘米
重 5.35 克

半两

战国｜铜

直径 3.22 厘米
孔径 0.84 厘米
厚度 0.15 厘米
重 8.42 克

半两

战国丨铜

直径 2.20-2.48 厘米
孔径 0.80 厘米
厚度 0.15 厘米
重 3.74 克
—

半两

战国丨铜

直径 2.35 厘米
孔径 0.84 厘米
厚度 0.08 厘米
重 2.59 克
—

半两

战国 | 铜

直径 2.11 厘米
孔径 0.92 厘米
厚度 0.19 厘米
重 1.64 克
—

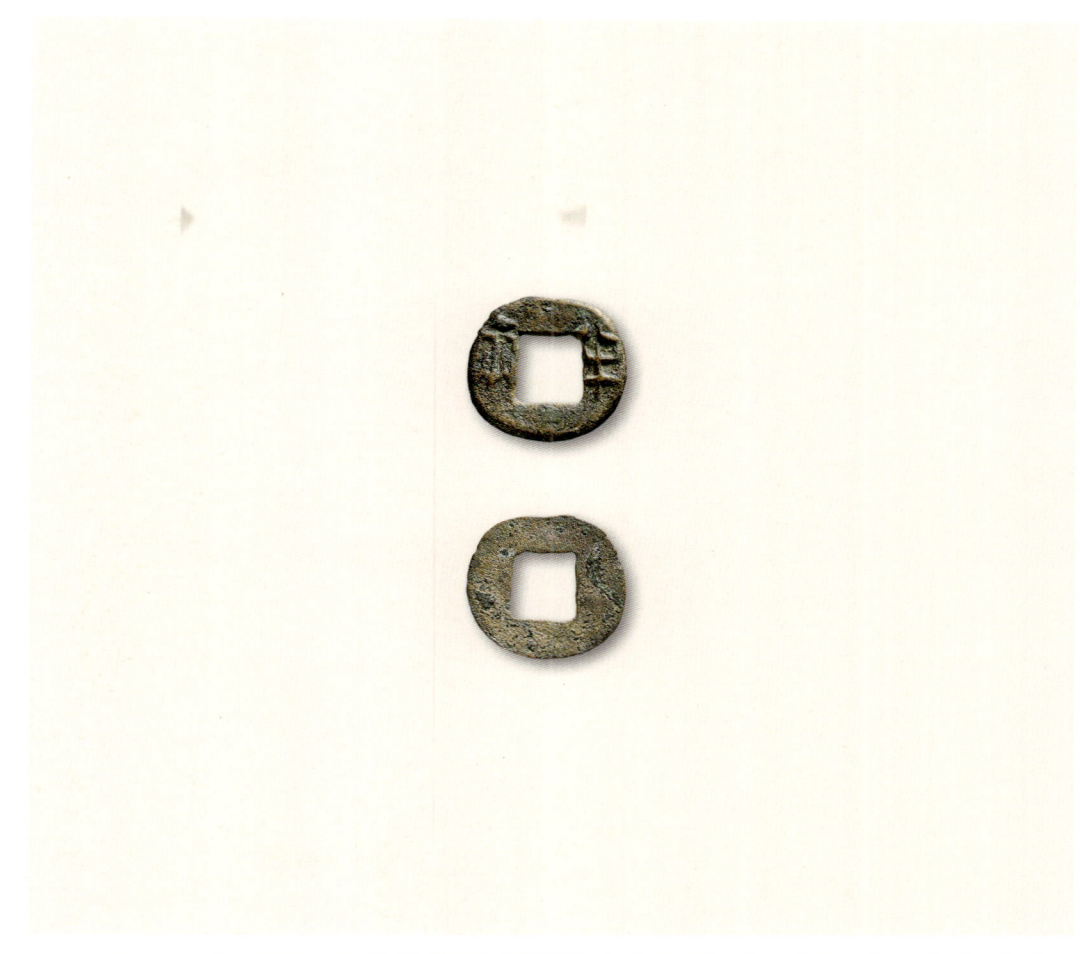

半两

西汉 | 铜

直径 1.85 厘米
孔径 1.00 厘米
厚度 0.05 厘米
重 0.77 克
—

半两

西汉｜铜

直径 1.31 厘米
孔径 0.67 厘米
厚度 0.05 厘米
重 0.23 克
—

半两

西汉｜铜

直径 1.54 厘米
孔径 0.62-0.72 厘米
厚度 0.08 厘米
重 0.75 克
—

半两

西汉 | 铜

直径 3.10 厘米
孔径 0.89 厘米
厚度 0.10 厘米
重 5.29 克
—

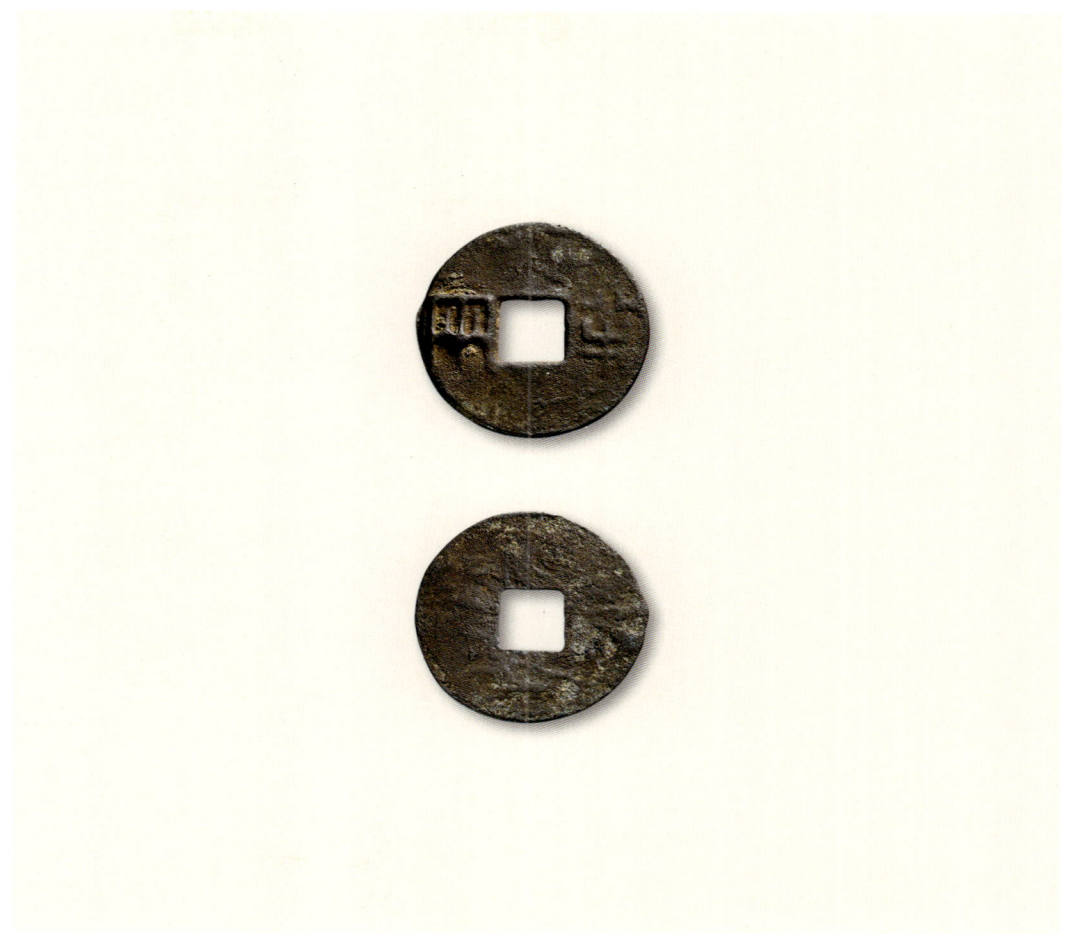

半两

西汉 | 铜

直径 2.41 厘米
孔径 0.97 厘米
厚度 0.13 厘米
重 2.73 克
—

半两

西汉｜铜

直径 2.24 厘米
孔径 0.71 厘米
厚度 0.07 厘米
重 1.67 克
—

半两

西汉｜铜

直径 2.30 厘米
孔径 0.69 厘米
厚度 0.07 厘米
重 2.33 克
—

半两

西汉｜铜

直径 2.38 厘米
孔径 0.73 厘米
厚度 0.13 厘米
重 2.67 克
—

半两

西汉｜铜

直径 2.33 厘米
孔径 1.00 厘米
厚度 0.07 厘米
重 1.85 克
—

五铢
穿下一横

西汉 | 铜

直径 2.56 厘米
孔径 1.03 厘米
厚度 0.20 厘米
重 3.94 克

—

五铢

西汉 | 铜

直径 2.55 厘米
孔径 1.00 厘米
厚度 0.15 厘米
重 3.52 克

—

**五铢
面四决**

西汉 | 铜

直径 2.53 厘米
孔径 1.02 厘米
厚度 0.15 厘米
重 2.50 克
—

五铢

西汉 | 铜

直径 2.51 厘米
孔径 0.97 厘米
厚度 0.15 厘米
重 3.37 克
—

五铢
穿下半星

西汉 | 铜

直径 2.50 厘米
孔径 0.96 厘米
厚度 0.19 厘米
重 4.02 克
—

五铢
穿上一横

西汉 | 铜

直径 2.50 厘米
孔径 0.99 厘米
厚度 0.15 厘米
重 3.74 克
—

五铢

西汉｜铜

直径 2.62 厘米
孔径 0.91 厘米
厚度 0.16 厘米
重 3.72 克
—

五铢
穿上一横

西汉｜铜

直径 2.64 厘米
孔径 0.96 厘米
厚度 0.15 厘米
重 3.35 克
—

五铢
穿下半星

西汉｜铜

直径 2.57 厘米
孔径 0.94 厘米
厚度 0.14 厘米
重 2.70 克
—

新莽

大泉五十

新莽｜铜

直径 2.92 厘米
孔径 0.76 厘米
厚度 0.32 厘米
重 10.06 克
—

大泉五十

新莽丨铜

直径 2.76 厘米
孔径 0.98 厘米
厚度 0.23 厘米
重 6.87 克
—

大泉五十

新莽　铜

直径 2.67 厘米
孔径 0.85 厘米
厚度 0.18-0.23 厘米
重 5.16 克
—

大泉五十

新莽｜铜

直径 2.61 厘米
孔径 0.87 厘米
厚度 0.12 厘米
重 2.61 克

—

大泉五十

新莽｜铜

直径 2.53 厘米
孔径 0.90 厘米
厚度 0.12 厘米
重 2.50 克

—

大泉五十

新莽｜铜

直径 2.13 厘米
孔径 0.95 厘米
厚度 0.07 厘米
重 0.82 克
—

货泉

新莽｜铜

直径 2.23 厘米
孔径 0.64 厘米
厚度 0.13 厘米
重 2.70 克
—

货泉

新莽｜铜

直径 2.30 厘米
孔径 0.73 厘米
厚度 0.16 厘米
重 2.52 克

一

大布黄千

新莽｜铜

通长 5.65 厘米
最宽 2.43 厘米
孔径 0.46 厘米
厚度 0.22 厘米
重 13.83 克
—

东汉

五铢

东汉｜铜

直径 2.57 厘米
孔径 0.90 厘米
厚度 0.13-0.18 厘米
重 3.23 克
—

五铢

东汉｜铜

直径 2.61 厘米
孔径 0.91 厘米
厚度 0.14 厘米
重 3.21 克
—

**五铢
背阴刻**

东汉｜铜

直径 2.60 厘米
孔径 0.95 厘米
厚度 0.10 厘米
重 2.33 克
—

五铢

东汉｜铜

直径 2.58 厘米
孔径 0.95 厘米
厚度 0.13 厘米
重 3.03 克
—

五铢

东汉｜铜

直径 2.57 厘米
孔径 0.99 厘米
厚度 0.11 厘米
重 2.51 克
—

**五铢
穿上阴刻**

东汉｜铜

直径 2.52 厘米
孔径 1.03 厘米
厚度 0.07 厘米
重 1.87 克
—

**五铢
背阴刻**

东汉 | 铜

直径 2.46 厘米
孔径 0.94 厘米
厚度 0.11 厘米
重 1.78 克
—

五铢

东汉 | 铜

直径 2.36 厘米
孔径 0.91 厘米
厚度 0.08 厘米
重 1.63 克
—

五铢
穿上阴刻

东汉｜铜

直径 2.40 厘米
孔径 0.95 厘米
厚度 0.06-0.12 厘米
重 2.21 克
—

五铢

东汉｜铜

直径 2.07 厘米
孔径 0.95 厘米
厚度 0.06 厘米
重 1.23 克
—

五铢

东汉 | 铜

直径 2.39 厘米
孔径 0.90 厘米
厚度 0.12 厘米
重 2.43 克
—

五铢
穿上一横

东汉 | 铜

直径 2.44 厘米
孔径 0.89 厘米
厚度 0.11 厘米
重 3.22 克
—

五铢

东汉 | 铜

直径 2.44 厘米
孔径 0.88 厘米
厚度 0.14 厘米
重 2.86 克

一

**直百五铢
背"为"**

蜀汉｜铜

直径 2.82 厘米
孔径 0.95 厘米
厚度 0.28 厘米
重 8.59 克
—

**直百五铢
背"为"**

蜀汉｜铜

直径 2.78 厘米
孔径 0.94 米
厚度 0.25 厘米
重 6.95 克
—

直百五铢

蜀汉 | 铜

直径 2.78 厘米
孔径 0.86 厘米
厚度 0.22 厘米
重 7.15 克
—

直百五铢

蜀汉 | 铜

直径 2.71 厘米
孔径 0.90 厘米
厚度 0.22 厘米
重 5.60 克
—

**直百五铢
背阴刻**

蜀汉 | 铜

直径 2.66 厘米
孔径 0.92 厘米
厚度 0.12 厘米
重 3.22 克
—

**直百五铢
背阴刻**

蜀汉 | 铜

直径 2.61 厘米
孔径 0.77 厘米
厚度 0.15 厘米
重 6.41 克
—

**直百五铢
背阴刻**

蜀汉 | 铜

直径 2.75 厘米
孔径 0.87 厘米
厚度 0.25 厘米
重 6.72 克
—

**直百五铢
背阴刻**

蜀汉 | 铜

直径 2.72 厘米
孔径 0.86 厘米
厚度 0.17 厘米
重 5.47 克
—

**直百五铢
背阴刻**

蜀汉 | 铜

直径 2.62 厘米
孔径 0.97 厘米
厚度 0.09 厘米
重 2.32 克
—

**直百五铢
背阴刻**

蜀汉 | 铜

直径 2.64 厘米
孔径 0.91 厘米
厚度 0.15 厘米
重 4.28 克
—

**太平百钱
背水波纹**

蜀汉 | 铜

直径 2.46 厘米
孔径 0.78 厘米
厚度 0.24 厘米
重 5.64 克

—

太平百钱
背水波纹

蜀汉｜铜

直径 2.49 厘米
孔径 0.82 厘米
厚度 0.10-0.19 厘米
重 3.73 克

—

太平百钱

蜀汉｜铜

直径 1.75 厘米
孔径 0.77 厘米
厚度 0.07 厘米
重 1.88 克

—

**太平百钱
背阴刻**

蜀汉｜铜

直径 1.99 厘米
孔径 0.85 厘米
厚度 0.08 厘米
重 1.22 克
—

太平金百

蜀汉｜铜

直径 1.62 厘米
孔径 0.82 厘米
厚度 0.08 厘米
重 0.70 克
—

直百

蜀汉 | 铜

直径 1.76 厘米
孔径 0.70 厘米
厚度 0.10 厘米
重 1.23 克
—

直百

蜀汉 | 铜

直径 1.93 厘米
孔径 0.79 厘米
厚度 0.11 厘米
重 1.90 克
—

直百

蜀汉 | 铜

直径 1.17 厘米
孔径 0.47 厘米
厚度 0.07 厘米
重 0.43 克
—

**定平一百
背阴刻**

蜀汉 | 铜

直径 1.67 厘米
孔径 0.78 厘米
厚度 0.07 厘米
重 0.68 克
—

定平一百

蜀汉｜铜

直径1.64厘米
孔径0.72厘米
厚度0.07厘米
重0.55克
—

定平一百

蜀汉｜铜

直径1.23厘米
孔径0.61厘米
厚度0.08厘米
重0.44克
—

西晋

内郭五铢

西晋 | 铜

直径 2.14 厘米
孔径 0.76 厘米
厚度 0.11 厘米
重 1.85 克
—

汉兴

成汉 ｜ 铜

直径 1.69 厘米
孔径 0.57 厘米
厚度 0.08 厘米
重 0.72 克
—

汉兴
背阴刻

成汉 | 铜

直径 1.69 厘米
孔径 0.62 厘米
厚度 0.05 厘米
重 0.60 克
—

南北朝

四铢
背"●"

刘宋 | 铜

直径 1.94 厘米
孔径 0.86 厘米
厚度 0.10 厘米
重 1.26 克
—

布泉

北周｜铜

直径 2.56 厘米
孔径 0.85 厘米
厚度 0.13 厘米
重 2.44 克
—

隋

五铢

隋｜铜

直径 2.32 厘米
孔径 0.81 厘米
厚度 0.12 厘米
重 2.92 克
—

五铢

隋｜铜

直径 2.27 厘米
孔径 0.77 厘米
厚度 0.10 厘米
重 2.14 克
—

唐

开元通宝

唐｜铜

直径 2.39 厘米
孔径 0.66 厘米
厚度 0.13 厘米
重 3.13 克
—

开元通宝

唐 | 铜

直径 2.46 厘米
孔径 0.65 厘米
厚度 0.13 厘米
重 3.44 克
—

开元通宝

唐 | 铜

直径 2.40 厘米
孔径 0.53 厘米
厚度 0.14 厘米
重 3.52 克
—

开元通宝

唐 | 铜

直径 2.50 厘米
孔径 0.67 厘米
厚度 0.18 厘米
重 4.61 克
—

开元通宝

唐 | 铜

直径 2.50 厘米
孔径 0.66 厘米
厚度 0.14 厘米
重 3.80 克
—

开元通宝

唐 | 铜

直径 2.30-2.45 厘米
孔径 0.64 厘米
厚度 0.12 厘米
重 3.30 克
—

**开元通宝
背上月**

唐 | 铜

直径 2.53 厘米
孔径 0.68 厘米
厚度 0.13 厘米
重 3.75 克
—

**开元通宝
背下月**

唐｜铜

直径 2.50 厘米
孔径 0.69 厘米
厚度 0.15 厘米
重 3.70 克

——

 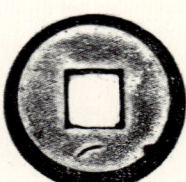

开元通宝

唐 | 铜

直径 2.15 厘米
孔径 0.58 厘米
厚度 0.08 厘米
重 1.65 克
—

开元通宝

唐 | 铜

直径 2.37 厘米
孔径 0.63 厘米
厚度 0.13 厘米
重 3.05 克
—

**开元通宝
背"昌"**

唐｜铜

直径 2.34 厘米
孔径 0.65 厘米
厚度 0.14 厘米
重 3.74 克
—

**开元通宝
背"益"**

唐｜铜

直径 2.36 厘米
孔径 0.62 厘米
厚度 0.11 厘米
重 3.18 克
—

**开元通宝
背上"京"下月**

唐 | 铜

直径 2.40 厘米
孔径 0.57 厘米
厚度 0.20 厘米
重 4.85 克
—

**开元通宝
背"兴"**

唐 | 铜

直径 2.40 厘米
孔径 0.58 厘米
厚度 0.13 厘米
重 3.37 克
—

**开元通宝
背"襄"**

唐 | 铜

直径 2.38 厘米
孔径 0.59 厘米
厚度 0.15 厘米
重 3.98 克

—

乾元重宝

唐 | 铜

直径 2.90 厘米
孔径 0.70 厘米
厚度 0.20 厘米
重 7.19 克

—

**乾元重宝
背月**

唐｜铜

直径 2.50 厘米
孔径 0.63 厘米
厚度 0.14 厘米
重 3.48 克
—

乾元重宝

唐｜铜

直径 2.37 厘米
孔径 0.53 厘米
厚度 0.12 厘米
重 2.90 克
—

五代十国

天汉元宝

前蜀 | 铜

直径 2.33 厘米
孔径 0.65 厘米
厚度 0.15 厘米
重 3.55 克
—

乾德元宝

前蜀 | 铜

直径 2.39 厘米
孔径 0.60 厘米
厚度 0.11 厘米
重 2.83 克
—

**宋元通宝
铁母**

北宋 | 铜

直径 2.27 厘米
孔径 0.78 厘米
厚度 0.20 厘米
重 4.34 克
—

淳化元宝

北宋｜铜

直径 2.44 厘米
孔径 0.54 厘米
厚度 0.11 厘米
重 3.70 克
—

至道元宝

北宋｜铜

直径 2.50 厘米
孔径 0.58 厘米
厚度 0.11 厘米
重 3.74 克
—

咸平元宝

北宋｜铜

直径 2.47 厘米
孔径 0.59 厘米
厚度 0.12 厘米
重 3.50 克
—

景德元宝

北宋｜铜

直径 2.49 厘米
孔径 0.56 厘米
厚度 0.11 厘米
重 3.52 克
—

祥符元宝

北宋 | 铜

直径 2.66 厘米
孔径 0.50 厘米
厚度 0.11 厘米
重 4.12 克
—

天禧通宝

北宋 | 铜

直径 2.49 厘米
孔径 0.67 厘米
厚度 0.10 厘米
重 3.18 克
—

天圣元宝

北宋 | 铜

直径 2.43 厘米
孔径 0.68 厘米
厚度 0.08 厘米
重 2.44 克
—

天圣元宝

北宋 | 铜

直径 2.45 厘米
孔径 0.62 厘米
厚度 0.13 厘米
重 4.07 克
—

皇宋通宝

北宋 | 铜

直径 2.41 厘米
孔径 0.71 厘米
厚度 0.08 厘米
重 2.52 克
—

皇宋通宝

北宋 | 铜

直径 2.48 厘米
孔径 0.69 厘米
厚度 0.13 厘米
重 4.00 克
—

至和元宝

北宋 | 铜

直径 2.35 厘米
孔径 0.62 厘米
厚度 0.10 厘米
重 2.63 克
—

至和通宝

北宋 | 铜

直径 2.47 厘米
孔径 0.68 厘米
厚度 0.10 厘米
重 3.44 克
—

嘉祐通宝

北宋 | 铜

直径 2.43 厘米
孔径 0.67 厘米
厚度 0.10 厘米
重 3.09 克
—

熙宁重宝

北宋 | 铜

直径 2.92 厘米
孔径 0.68 厘米
厚度 0.18 厘米
重 7.28 克
—

熙宁元宝

北宋 | 铜

直径 2.34 厘米
孔径 0.59 厘米
厚度 0.11 厘米
重 3.22 克
—

熙宁元宝

北宋 | 铜

直径 2.35 厘米
孔径 0.53 厘米
厚度 0.13 厘米
重 3.55 克
—

元丰通宝

北宋｜铜

直径 2.44 厘米
孔径 0.66 厘米
厚度 0.13 厘米
重 4.15 克
—

元丰通宝

北宋｜铜

直径 2.88 厘米
孔径 0.60 厘米
厚度 0.16 厘米
重 7.44 克
—

元祐通宝

北宋｜铜

直径 2.41 厘米
孔径 0.56 厘米
厚度 0.10 厘米
重 3.33 克
—

元祐通宝

北宋｜铜

直径 2.45 厘米
孔径 0.69 厘米
厚度 0.10 厘米
重 3.35 克
—

绍圣元宝

北宋 | 铜

直径 2.37 厘米
孔径 0.60 厘米
厚度 0.14 厘米
重 3.84 克
—

圣宋元宝

北宋 | 铜

直径 2.43 厘米
孔径 0.59 厘米
厚度 0.10 厘米
重 2.97 克
—

崇宁通宝

北宋｜铜

直径 3.41 厘米
孔径 0.80 厘米
厚度 0.24 厘米
重 9.72 克
—

政和通宝

北宋｜铜

直径 2.50 厘米
孔径 0.62 厘米
厚度 0.10 厘米
重 2.66 克
—

宋元通宝

北宋｜铁

直径 2.18 厘米
孔径 0.74 厘米
厚度 0.18 厘米
重 2.81 克
—

皇宋通宝

北宋｜铁

直径 2.65 厘米
孔径 0.70 厘米
厚度 0.24 厘米
重 6.00 克
—

元丰通宝

北宋 | 铁

直径 2.55 厘米
孔径 0.69 厘米
厚度 0.24 厘米
重 6.74 克
—

元祐通宝

北宋 | 铁

直径 2.41 厘米
孔径 0.73 厘米
厚度 0.29 厘米
重 7.40 克
—

政和通宝

北宋 | 铁

直径 2.19 厘米
孔径 0.73 厘米
厚度 0.23 厘米
重 4.53 克
—

政和通宝

北宋 | 铁

直径 2.49 厘米
孔径 0.57 厘米
厚度 0.30 厘米
重 6.80 克
—

**宣和通宝
背"陕"**

北宋｜铁

直径 2.37 厘米
孔径 0.69 厘米
厚度 0.16 厘米
重 2.77 克
—

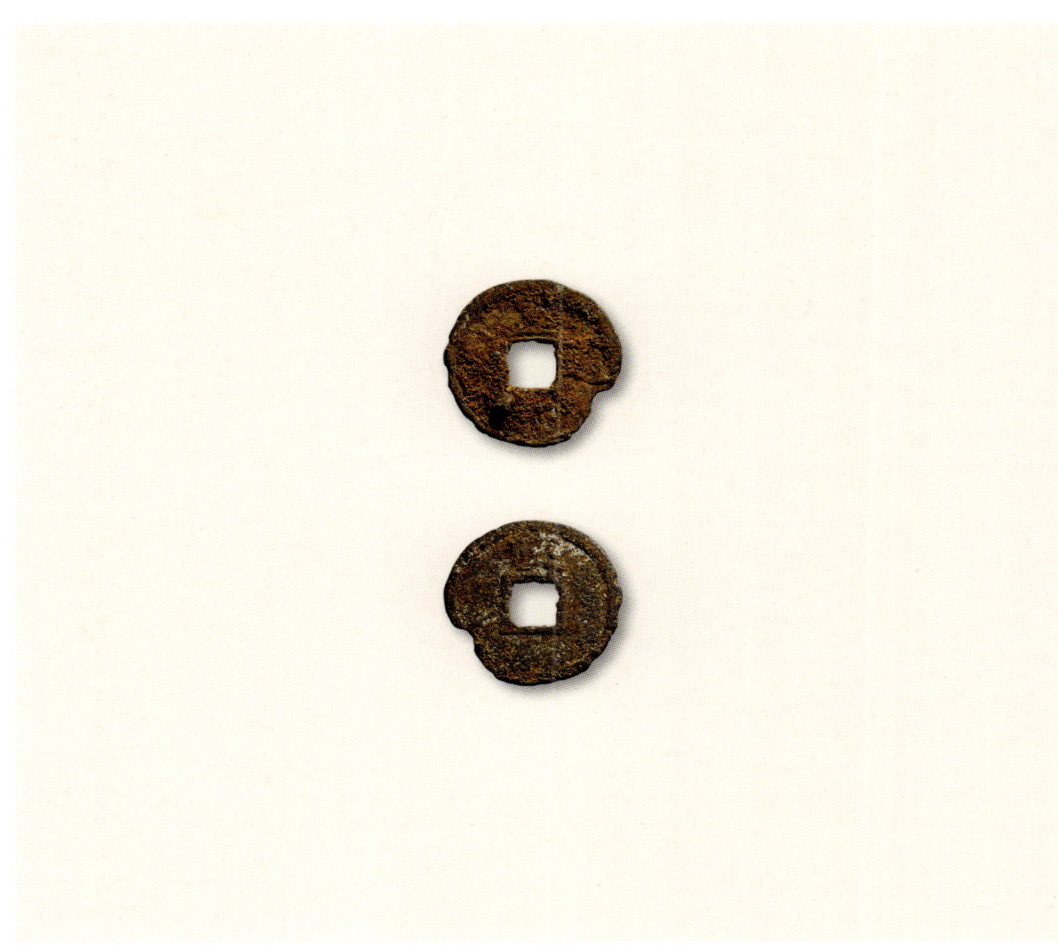

**绍定通宝
背"五"**

南宋｜铜

直径 2.34 厘米
孔径 0.50 厘米
厚度 0.11 厘米
重 3.18 克
—

**淳祐通宝
背"当百"**

南宋 | 铜

直径 5.30 厘米
孔径 1.19 厘米
厚度 0.28 厘米
重 32.42 克

—

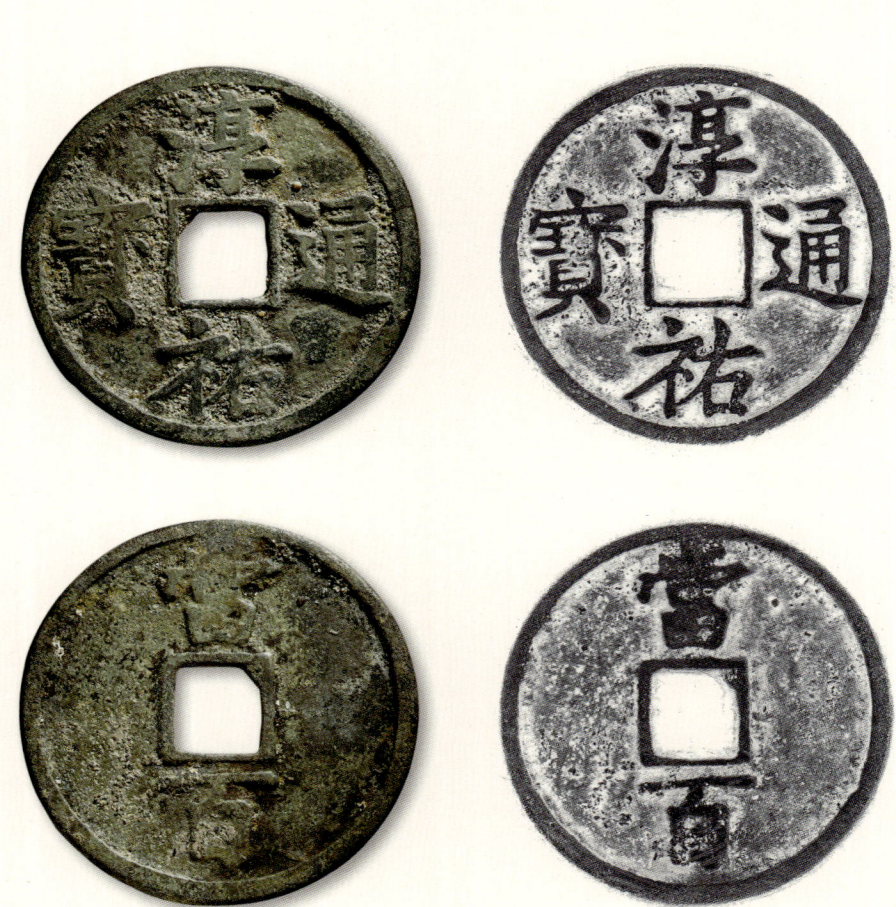

乾道元宝

南宋 | 铁

直径 2.62 厘米
孔径 0.74 厘米
厚度 0.25 厘米
重 6.22 克
—

乾道元宝

南宋 | 铁

直径 2.41 厘米
孔径 0.59 厘米
厚度 0.25 厘米
重 5.86 克
—

嘉泰元宝

南宋 | 铁

直径 2.34 厘米
孔径 0.58 厘米
厚度 0.21 厘米
重 6.13 克
—

开禧通宝

南宋 | 铁

直径 2.77 厘米
孔径 0.64 厘米
厚度 0.21 厘米
重 6.82 克
—

嘉定元宝

南宋 | 铁

直径 2.76 厘米
孔径 0.71 厘米
厚度 0.50 厘米
重 12.27 克
—

嘉定通宝

南宋 | 铁

直径 3.22 厘米
孔径 0.94 厘米
厚度 0.19 厘米
重 10.47 克
—

金

正隆元宝

金｜铜

直径 2.44 厘米
孔径 0.62 厘米
厚度 0.12 厘米
重 2.41 克

—

大元通宝

元 | 铜

直径 4.03 厘米
孔径 1.08 厘米
厚度 0.28 厘米
重 20.02 克
——

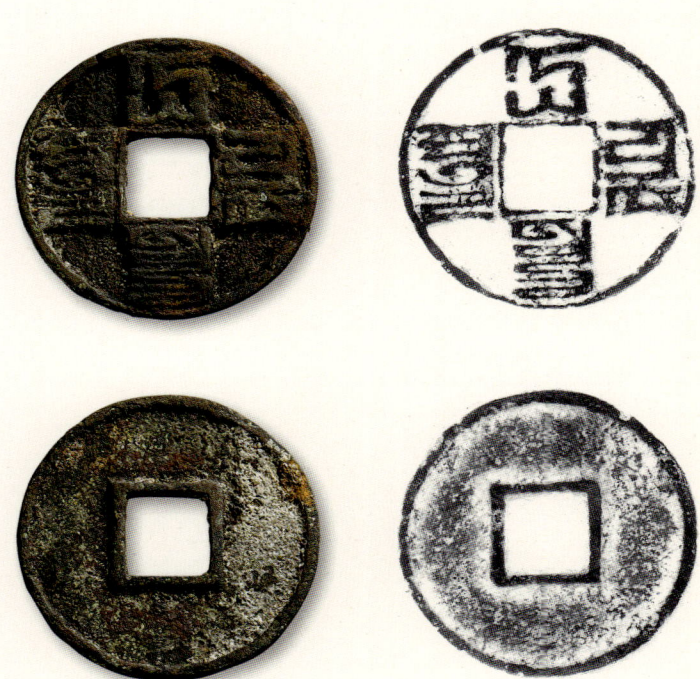

明

洪武通宝

明 | 铜

直径 2.23 厘米
孔径 0.54 厘米
厚度 0.12 厘米
重 2.63 克
—

弘治通宝

明 | 铜

直径 2.55 厘米
孔径 0.49 厘米
厚度 0.15 厘米
重 4.50 克
—

嘉靖通宝

明 | 铜

直径 2.48 厘米
孔径 0.51 厘米
厚度 0.10 厘米
重 2.87 克
—

万历通宝

明 | 铜

直径 2.50 厘米
孔径 0.56 厘米
厚度 0.13 厘米
重 4.66 克
—

万历通宝

明｜铜

直径 2.46 厘米
孔径 0.48 厘米
厚度 0.10 厘米
重 2.72 克
—

万历通宝

明｜铜

直径 1.68 厘米
孔径 0.51 厘米
厚度 0.09 厘米
重 1.29 克
—

天启通宝

明 | 铜

直径 2.41 厘米
孔径 0.49 厘米
厚度 0.10 厘米
重 3.22 克
—

天启通宝

明 | 铜

直径 2.45 厘米
孔径 0.51 厘米
厚度 0.12 厘米
重 3.65 克
—

崇祯通宝

明｜铜

直径 2.51 厘米
孔径 0.56 厘米
厚度 0.10 厘米
重 3.23 克
—

**崇祯通宝
背"贵"**

明｜铜

直径 2.46 厘米
孔径 0.59 厘米
厚度 0.09 厘米
重 2.50 克
—

**崇祯通宝
背"沪"**

明｜铜

直径 2.38 厘米
孔径 0.48 厘米
厚度 0.11 厘米
重 3.07 克
—

**崇祯通宝
背"一分"**

明｜铜

直径 2.37 厘米
孔径 0.52 厘米
厚度 0.10 厘米
重 2.83 克
—

**崇祯通宝
背"重"**

明｜铜

直径 2.37 厘米
孔径 0.44 厘米
厚度 0.16 厘米
重 3.70 克
—

崇祯通宝

明｜铜

直径 1.81 厘米
孔径 0.49 厘米
厚度 0.09 厘米
重 1.26 克
—

大
西

大顺通宝

大西 ｜ 铜

直径 2.50 厘米
孔径 0.64 厘米
厚度 0.15 厘米
重 3.17 克
——

大顺通宝

大西 ｜ 铜

直径 2.67 厘米
孔径 0.64 厘米
厚度 0.14 厘米
重 4.39 克
——

大顺通宝

大西｜铜

直径 2.70 厘米
孔径 0.60 厘米
厚度 0.10 厘米
重 3.81 克
—

大顺通宝

大西｜铜

直径 2.67 厘米
孔径 0.59 厘米
厚度 0.10 厘米
重 4.53 克
—

大顺通宝

大西 | 铜

直径 2.55 厘米
孔径 0.59 厘米
厚度 0.11 厘米
重 4.04 克
—

大顺通宝

大西 | 铜

直径 2.69 厘米
孔径 0.57 厘米
厚度 0.12 厘米
重 4.39 克
—

大顺通宝

大西 | 铜

直径 2.64 厘米
孔径 0.60 厘米
厚度 0.10 厘米
重 3.70 克
—

大顺通宝

大西 | 铜

直径 2.67 厘米
孔径 0.60 厘米
厚度 0.11 厘米
重 4.40 克
—

大顺通宝

大西｜铜

直径 2.66 厘米
孔径 0.62 厘米
厚度 0.10 厘米
重 3.78 克
—

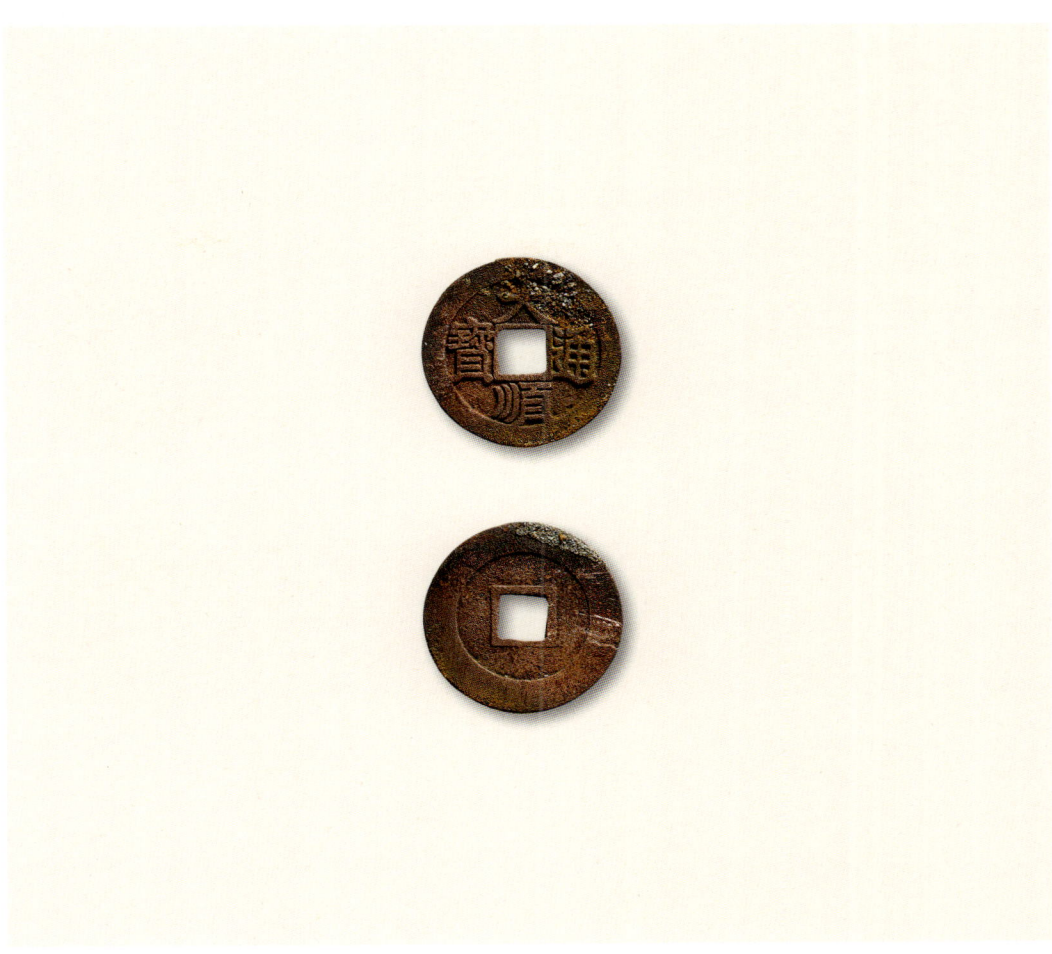

大顺通宝

大西｜铜

直径 2.68 厘米
孔径 0.61 厘米
厚度 0.11 厘米
重 3.64 克
—

大顺通宝

大西 | 铜

直径 2.65 厘米
孔径 0.59 厘米
厚度 0.10 厘米
重 3.53 克

—

大顺通宝

大西 | 铜

直径 2.66 厘米
孔径 0.62 厘米
厚度 0.11 厘米
重 4.11 克

—

**大顺通宝
背"工"**

大西｜铜

直径 2.75 厘米
孔径 0.58 厘米
厚度 0.15 厘米
重 6.36 克
—

**大顺通宝
背"工"**

大西｜铜

直径 2.76 厘米
孔径 0.60 厘米
厚度 0.12 厘米
重 5.29 克
—

**大顺通宝
背"工"**

大西｜铜

直径 2.79 厘米
孔径 0.59 厘米
厚度 0.12 厘米
重 5.61 克
—

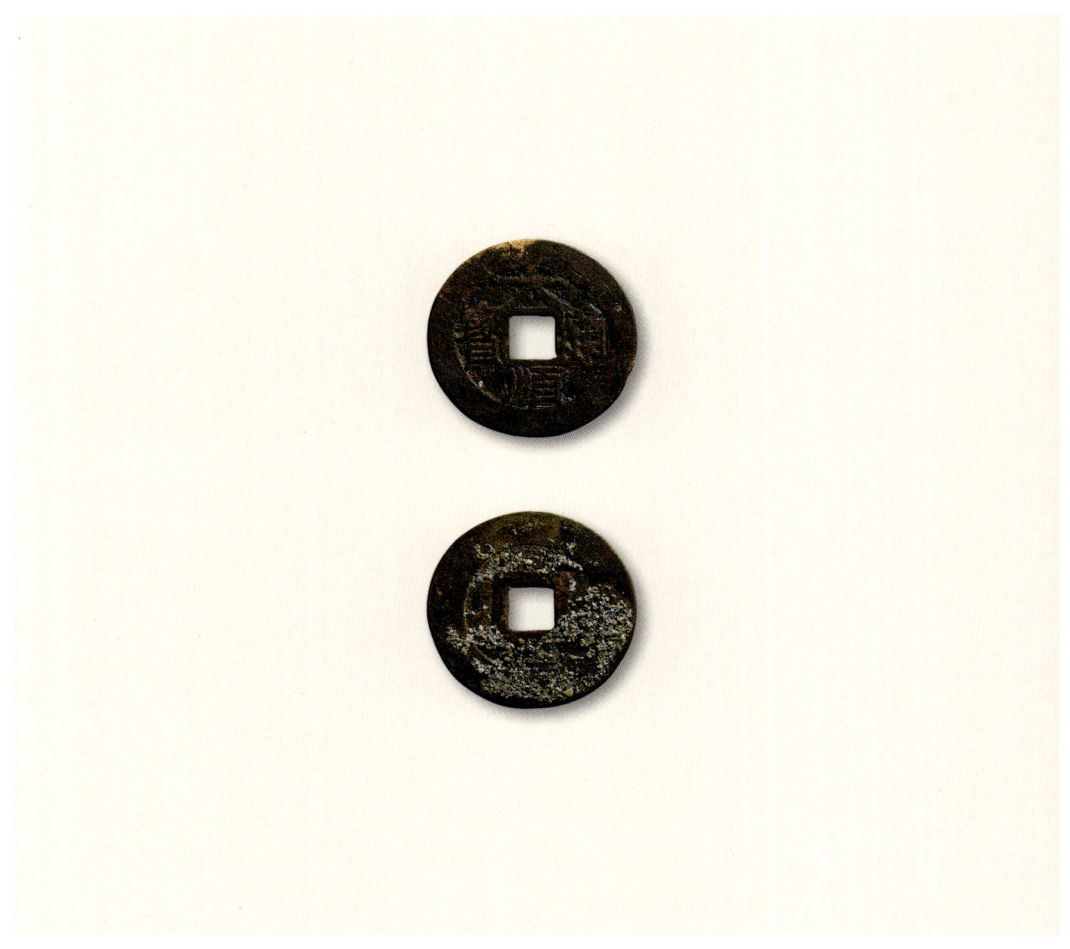

**大顺通宝
背"工"**

大西｜铜

直径 2.71 厘米
孔径 0.58 厘米
厚度 0.12 厘米
重 5.39 克
—

**大顺通宝
背"工"**

大西｜铜

直径 2.68 厘米
孔径 0.58 厘米
厚度 0.14 厘米
重 5.65 克
—

大顺通宝
背"户"

大西 | 铜

直径 2.70 厘米
孔径 0.59 厘米
厚度 0.16 厘米
重 6.47 克
—

西王赏功

大西 | 金

直径 5.03 厘米
孔径 0.98 厘米
厚度 0.20 厘米
重 35.17 克
—

西王赏功

大西 | 金

直径 5.04 厘米
孔径 0.96 厘米
厚度 0.18 厘米
重 33.76 克

一

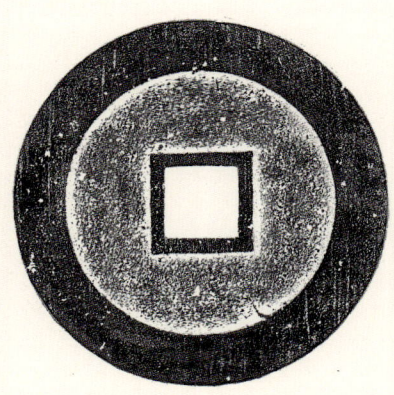

西王赏功

大西 | 金

直径 5.05 厘米
孔径 0.98 厘米
厚度 0.21 厘米
重 33.53 克

—

西三赏功

大西｜金

直径 5.04 厘米
孔径 0.96 厘米
厚度 0.18 厘米
重 36.40 克

—

西王赏功

大西 ｜ 金

直径 5.02 厘米
孔径 0.96 厘米
厚度 0.18 厘米
重 41.05 克

一

西王赏功

大西 | 金

直径 5.04 厘米
孔径 0.99 厘米
厚度 0.22 厘米
重 34.53 克

—

西王赏功

大西 | 金

直径 5.05 厘米
孔径 0.97 厘米
厚度 0.21 厘米
重 35.14 克

—

西王赏功

大西 | 金

直径 5.04 厘米
孔径 0.95 厘米
厚度 0.22 厘米
重 43.60 克

—

西王赏功

大西｜金

直径 5.03 厘米
孔径 0.98 厘米
厚度 0.22 厘米
重 39.39 克
一

西王赏功

大西｜金

直径 4.98 厘米
孔径 0.95 厘米
厚度 0.21 厘米
重 46.64 克

—

西王赏功

大西 | 金

直径 5.03 厘米
孔径 0.96 厘米
厚度 0.23 厘米
重 46.91 克
—

西王赏功

大西 | 金

直径 5.02 厘米
孔径 0.95 厘米
厚度 0.21 厘米
重 41.76 克

—

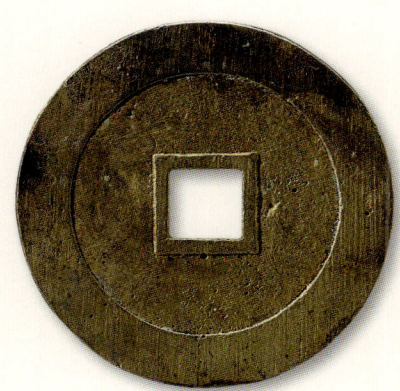

西王赏功

大西 | 金

直径 5.03 厘米
孔径 0.97 厘米
厚度 0.22 厘米
重 43.94 克

—

西王赏功

大西 | 金

直径 5.04 厘米
孔径 0.97 厘米
厚度 0.23 厘米
重 38.63 克
—

西王赏功

大西 | 金

直径 5.03 厘米
孔径 0.97 厘米
厚度 0.19 厘米
重 41.71 克

一

西王赏功

大西 | 金

直径 5.03 厘米
孔径 0.97 厘米
厚度 0.25 厘米
重 53.70 克
—

西王赏功

大西｜金

直径 5.05 厘米
孔径 0.97 厘米
厚度 0.18 厘米
重 36.00 克

一

西王赏功

大西 | 金

直径 5.03 厘米
孔径 0.96 厘米
厚度 0.19 厘米
重 39.79 克

—

西王赏功

大西 | 银

直径 5.02 厘米
孔径 0.93 厘米
厚度 0.20 厘米
重 34.12 克

—

西王赏功

大西｜银

直径 5.05 厘米
孔径 0.99 厘米
厚度 0.18 厘米
重 31.81 克
—

西王赏功

大西 | 银

直径 5.01 厘米
孔径 0.96 厘米
厚度 0.21 厘米
重 36.59 克

一

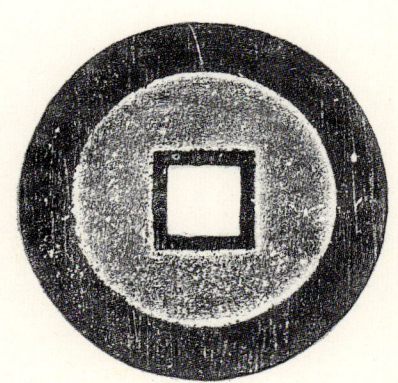

西王赏功

大西 | 银

直径 5.04 厘米
孔径 0.96 厘米
厚度 0.20 厘米
重 34.47 克

一

西王赏功

大西 | 银

直径 5.03 厘米
孔径 0.95 厘米
厚度 0.22 厘米
重 35.14 克
一

古钱 — 125

西王赏功

大西｜银

直径 5.01 厘米
孔径 0.95 厘米
厚度 0.20 厘米
重 32.56 克

—

西王赏功

大钱｜银

直径 5.03 厘米
孔径 0.97 厘米
厚度 0.20 厘米
重 36.78 克
—

古钱 — 127

西王赏功

大西｜银

直径 5.03 厘米
孔径 0.96 厘米
厚度 0.22 厘米
重 35.37 克
—

西王赏功

大西｜银

直径 5.04 厘米
孔径 0.98 厘米
厚度 0.23 厘米
重 35.30 克
—

西王赏功

大西｜银

直径 5.02 厘米
孔径 0.94 厘米
厚度 0.23 厘米
重 35.72 克

—

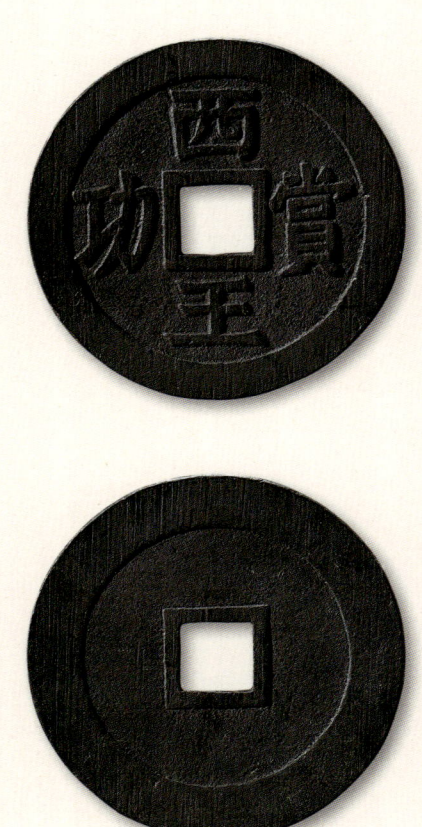

西王赏功

大西｜银

直径 5.01 厘米
孔径 0.96 厘米
厚度 0.20 厘米
重 35.92 克

—

西王赏功

大西 | 银

直径 5.04 厘米
孔径 0.98 厘米
厚度 0.24 厘米
重 30.64 克

一

西王赏功

大西 | 银

直径 5.03 厘米
孔径 0.95 厘米
厚度 0.18 厘米
重 30.69 克
—

西王赏功

大西｜银

直径 5.02 厘米
孔径 0.96 厘米
厚度 0.22 厘米
重 34.08 克

一

西王赏功

大西 | 银

直径 5.01 厘米
孔径 0.97 厘米
厚度 0.24 厘米
重 37.49 克

—

西王赏功

大西 | 银

直径 5.02 厘米
孔径 0.95 厘米
厚度 0.20 厘米
重 31.22 克

—

西王赏功

大西｜银

直径 5.02 厘米
孔径 0.96 厘米
厚度 0.26 厘米
重 38.12 克
—

西王赏功

大西｜银

直径 5.02 厘米
孔径 0.96 厘米
厚度 0.22 厘米
重 38.88 克

—

附 南明

弘光通宝

南明 ｜ 铜

直径 2.41 厘米
孔径 0.50 厘米
厚度 0.10 厘米
重 3.10 克
—

隆武通宝

南明 ｜ 铜

直径 2.46 厘米
孔径 0.57 厘米
厚度 0.11 厘米
重 3.41 克
—

隆武通宝

南明 ｜ 铜

直径 2.41 厘米
孔径 0.58 厘米
厚度 0.11 厘米
重 3.32 克
—

**永历通宝
背"五厘"**

南明 ｜ 铜

直径 3.20 厘米
孔径 0.76 厘米
厚度 0.16 厘米
重 5.87 克
—

永历通宝
背"壹分"

南明｜铜

直径 4.57 厘米
孔径 0.95 厘米
厚度 0.23 厘米
重 22.41 克

—

清

顺治通宝

清丨铜

直径 2.56 厘米
孔径 0.51 厘米
厚度 0.09 厘米
重 2.74 克

—

**顺治通宝
背"户"**

清丨铜

直径 2.58 厘米
孔径 0.64 厘米
厚度 0.09 厘米
重 3.00 克

—

**顺治通宝
背"陕一厘"**

清 | 铜

直径 2.45 厘米
孔径 0.56 厘米
厚度 0.10 厘米
重 2.75 克
—

**顺治通宝
背"临一厘"**

清 | 铜

直径 2.53 厘米
孔径 0.53 厘米
厚度 0.12 厘米
重 3.44 克
—

**顺治通宝
背"东一厘"**

清 | 铜

直径 2.60 厘米
孔径 0.55 厘米
厚度 0.10 厘米
重 3.26 克
—

**顺治通宝
背满文"宝泉"**

清 | 铜

直径 2.74 厘米
孔径 0.58 厘米
厚度 0.12 厘米
重 4.35 克
—

顺治通宝
背满文"宝源"

清｜铜

直径 2.75 厘米
孔径 0.56 厘米
厚度 0.12 厘米
重 4.40 克
—

顺治通宝

清｜铜

直径 1.62 厘米
孔径 0.58 厘米
厚度 0.05 厘米
重 0.55 克
—

**顺治通宝
背满汉"同"**

清 | 铜

直径 2.74 厘米
孔径 0.54 厘米
厚度 0.11 厘米
重 4.10 克
—

**顺治通宝
背满汉"浙"**

清 | 铜

直径 2.66 厘米
孔径 0.58 厘米
厚度 0.09 厘米
重 3.50 克
—

**顺治通宝
背满汉"东"**

清 | 铜

直径 2.75 厘米
孔径 0.57 厘米
厚度 0.11 厘米
重 4.50 克

—

**顺治通宝
背满汉"东"**

清 | 铜

直径 2.32 厘米
孔径 0.58 厘米
厚度 0.11 厘米
重 2.87 克

—

**顺治通宝
背满汉"临"**

清｜铜

直径 2.32 厘米
孔径 0.55 厘米
厚度 0.09 厘米
重 2.40 克
—

**顺治通宝
背满汉"临"**

清｜铜

直径 2.45 厘米
孔径 0.57 厘米
厚度 0.09 厘米
重 2.64 克
—

利用通宝

清｜铜

直径 2.48 厘米
孔径 0.52 厘米
厚度 0.10 厘米
重 3.10 克
—

利用通宝

清｜铜

直径 2.45 厘米
孔径 0.48 厘米
厚度 0.17 厘米
重 4.81 克
—

**利用通宝
背"厘"**

清 | 铜

直径 2.42 厘米
孔径 0.52 厘米
厚度 0.11 厘米
重 2.73 克

—

利用通宝

清 | 铜

直径 2.42 厘米
孔径 0.61 厘米
厚度 0.13 厘米
重 3.46 克

—

昭武通宝

清｜铜

直径 2.40 厘米
孔径 0.54 厘米
厚度 0.10 厘米
重 3.10 克
—

洪化通宝

清｜铜

直径 2.47 厘米
孔径 0.54 厘米
厚度 0.12 厘米
重 3.50 克
—

**洪化通宝
背"户"**

清｜铜

直径 2.35 厘米
孔径 0.49 厘米
厚度 0.14 厘米
重 3.80 克
—

**康熙通宝
背满汉"南"**

清｜铜

直径 2.41 厘米
孔径 0.52 厘米
厚度 0.10 厘米
重 2.58 克
—

**康熙通宝
背满汉"台"**

清 | 铜

直径 2.33 厘米
孔径 0.58 厘米
厚度 0.10 厘米
重 2.50 克
—

**康熙通宝
背满汉"宣"**

清 | 铜

直径 2.73 厘米
孔径 0.58 厘米
厚度 0.10 厘米
重 4.00 克
—

**康熙通宝
背满汉"广"**

清｜铜

直径 2.42 厘米
孔径 0.51 厘米
厚度 0.11 厘米
重 3.63 克

—

**康熙通宝
背满汉"蓟"**

清｜铜

直径 2.73 厘米
孔径 0.60 厘米
厚度 0.09 厘米
重 3.40 克

—

**康熙通宝
背满汉"东"**

清 | 铜

直径 2.72 厘米
孔径 0.53 厘米
厚度 0.13 厘米
重 4.85 克
—

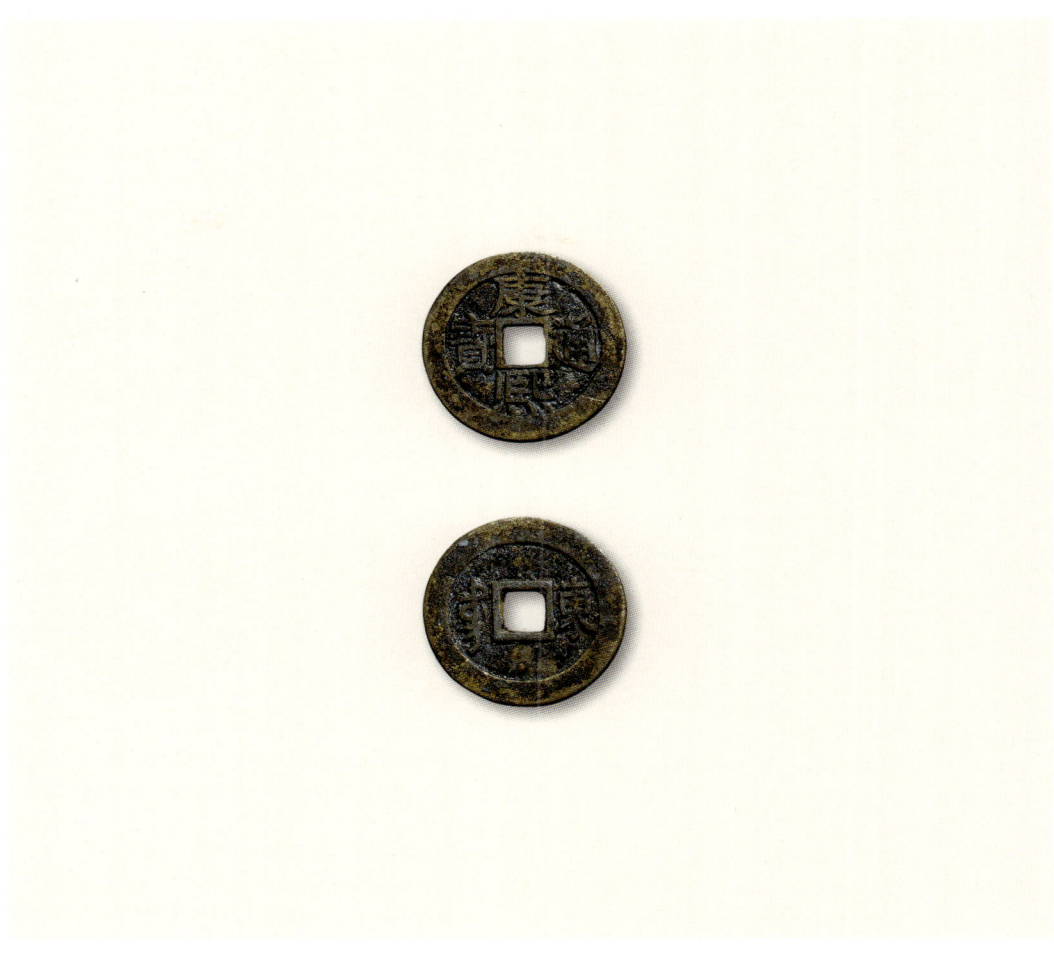

**康熙通宝
背满汉"临"**

清 | 铜

直径 2.71 厘米
孔径 0.54 厘米
厚度 0.11 厘米
重 4.24 克
—

**康熙通宝
背满汉"宁"**

清｜铜

直径 2.65 厘米
孔径 0.55 厘米
厚度 0.09 厘米
重 3.36 克

—

**康熙通宝
背满汉"同"**

清｜铜

直径 2.75 厘米
孔径 0.61 厘米
厚度 0.08 厘米
重 3.05 克

—

**康熙通宝
背满汉"河"**

清 | 铜

直径 2.77 厘米
孔径 0.52 厘米
厚度 0.12 厘米
重 4.78 克
—

**康熙通宝
背满汉"河"**

清 | 铜

直径 2.30 厘米
孔径 0.56 厘米
厚度 0.09 厘米
重 2.76 克
—

**康熙通宝
背满汉"原"**

清 | 铜

直径 2.55 厘米
孔径 0.54 厘米
厚度 0.08 厘米
重 2.56 克

—

**雍正通宝
背满文"宝泉"**

清 | 铜

直径 2.67 厘米
孔径 0.51 厘米
厚度 0.14 厘米
重 5.10 克

—

雍正通宝
背满文"宝源"

清｜铜

直径 2.11-2.33 厘米
孔径 0.58 厘米
厚度 0.12 厘米
重 2.90 克

—

雍正通宝
背满文"宝川"

清｜铜

直径 2.73 厘米
孔径 0.54 厘米
厚度 0.12 厘米
重 4.00 克

—

**雍正通宝
背满文"宝云"**

清｜铜

直径 2.82 厘米
孔径 0.50 厘米
厚度 0.12 厘米
重 5.20 克

—

**雍正通宝
背满文"宝黔"**

清｜铜

直径 2.70 厘米
孔径 0.51 厘米
厚度 0.12 厘米
重 4.50 克

—

**雍正通宝
背满文"宝苏"**

清｜铜

直径 2.18 厘米
孔径 0.51 厘米
厚度 0.10 厘米
重 2.60 克
—

**雍正通宝
背满文"宝昌"**

清｜铜

直径 2.66 厘米
孔径 0.52 厘米
厚度 0.13 厘米
重 4.74 克
—

**雍正通宝
背满文"宝晋"**

清丨铜

直径 2.62 厘米
孔径 0.52 厘米
厚度 0.13 厘米
重 4.50 克
—

**雍正通宝
背满文"宝巩"**

清丨铜

直径 2.69 厘米
孔径 0.59 厘米
厚度 0.14 厘米
重 4.60 克
—

**雍正通宝
背满文"宝安"**

清｜铜

直径 2.79 厘米
孔径 0.57 厘米
厚度 0.12 厘米
重 4.50 克
—

**雍正通宝
背满文"宝河"**

清｜铜

直径 2.70 厘米
孔径 0.53 厘米
厚度 0.10 厘米
重 4.40 克
—

雍正通宝

清 | 铜

直径 2.05-2.57 厘米
孔径 0.59 厘米
厚度 0.12 厘米
重 2.80 克
—

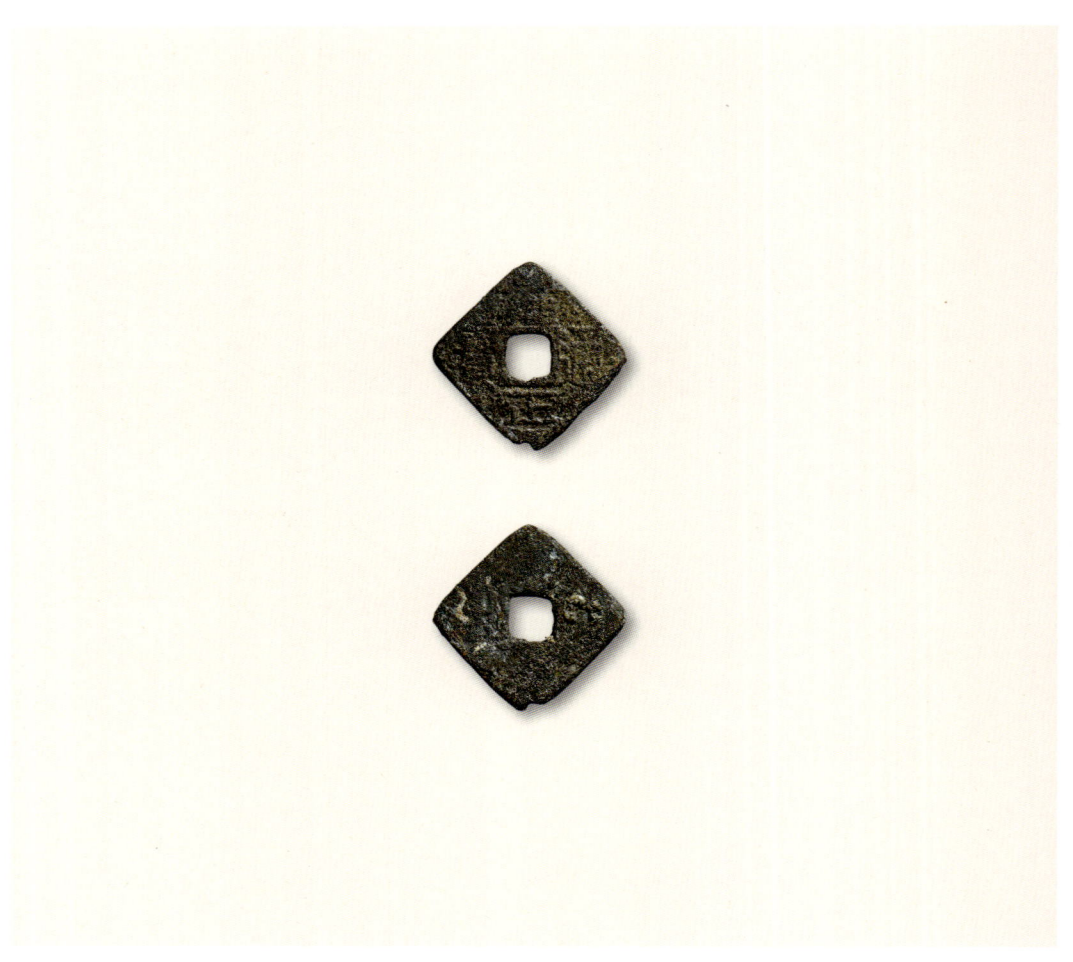

乾隆通宝
背满文"宝泉"

清 | 铜

直径 2.85 厘米
孔径 0.53 厘米
厚度 0.14 厘米
重 5.94 克
—

**乾隆通宝
背满文"宝泉"**

清｜铜

直径 2.52 厘米
孔径 0.54 厘米
厚度 0.12 厘米
重 4.21 克
—

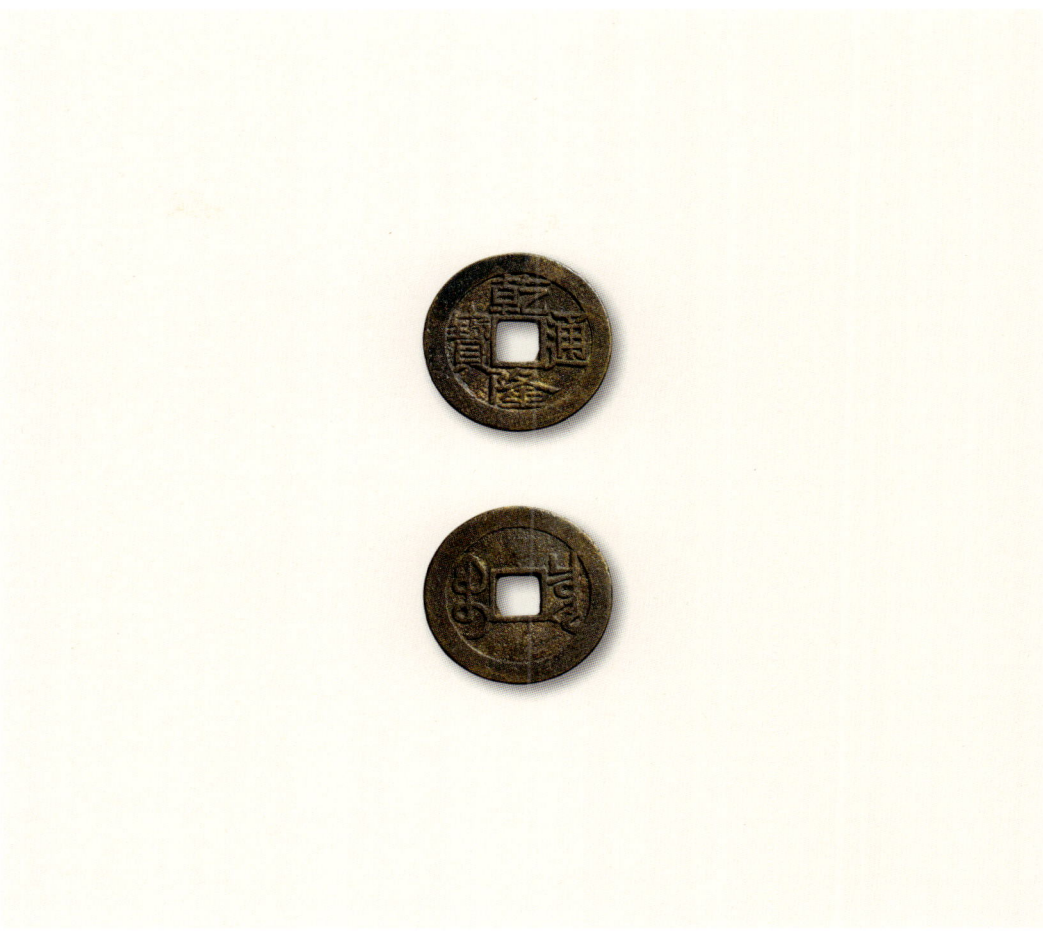

**乾隆通宝
背满文"宝源"**

清｜铜

直径 2.58 厘米
孔径 0.53 厘米
厚度 0.12 厘米
重 3.80 克
—

**乾隆通宝
背满文"宝川"
母钱**

清｜铜

直径 2.41 厘米
孔径 0.50 厘米
厚度 0.16 厘米
重 4.71 克

—

**乾隆通宝
背满文"宝川"
母钱**

清 | 铜

直径 2.43 厘米
孔径 0.52 厘米
厚度 0.16 厘米
重 4.53 克
—

**乾隆通宝
背满文"宝川"**

清｜铜

直径 2.72 厘米
孔径 0.47 厘米
厚度 0.16 厘米
重 5.25 克
—

**乾隆通宝
背满文"宝川"**

清｜铜

直径 2.00-2.34 厘米
孔径 0.57 厘米
厚度 0.13 厘米
重 3.44 克
—

满文 "宝川" 合面

清 | 铜

直径 2.38 厘米
孔径 0.57 厘米
厚度 0.18 厘米
重 5.15 克
—

乾隆通宝合背

清｜铜

直径 2.01 厘米
孔径 0.49 厘米
厚度 0.17 厘米
重 3.32 克

一

乾隆通宝
背满文"宝川"

清　铜

直径 2.32 厘米
孔径 0.53 厘米
厚度 0.15 厘米
重 3.47 克
—

乾隆通宝
背满文"宝黔"

清｜铜

直径 2.57 厘米
孔径 0.47 厘米
厚度 0.13 厘米
重 3.90 克
—

**乾隆通宝
背满文"宝云"**

清｜铜

直径 2.03 厘米
孔径 0.46 厘米
厚度 0.12 厘米
重 2.38 克
—

**乾隆通宝
背满文"宝云"**

清｜铜

直径 2.55 厘米
孔径 0.56 厘米
厚度 0.10 厘米
重 3.19 克
—

**乾隆通宝
背满文"宝陕"**

清｜铜

直径 2.40 厘米
孔径 0.50 厘米
厚度 0.15 厘米
重 4.93 克

—

**乾隆通宝
背满文"宝浙"**

清｜铜

直径 2.57 厘米
孔径 0.57 厘米
厚度 0.11 厘米
重 3.91 克

—

**乾隆通宝
背满文"宝浙"**

清｜铜

直径 2.46 厘米
孔径 0.56 厘米
厚度 0.12 厘米
重 3.91 克

—

**乾隆通宝
背满文"宝浙"**

清｜铜

直径 1.97 厘米
孔径 0.60 厘米
厚度 0.06 厘米
重 1.22 克

—

**乾隆通宝
背满文"宝武"
下星**

清 铜

直径 2.42 厘米
孔径 0.60 厘米
厚度 0.15 厘米
重 3.76 克
—

**乾隆通宝
背满文"宝武"**

清 | 铜

直径 2.45 厘米
孔径 0.50 厘米
厚度 0.12 厘米
重 3.39 克
—

**乾隆通宝
背满文"宝苏"**

清 | 铜

直径 2.46 厘米
孔径 0.57 厘米
厚度 0.11 厘米
重 3.83 克

—

**乾隆通宝
背满文"宝苏"**

清 | 铜

直径 2.43 厘米
孔径 0.61 厘米
厚度 0.14 厘米
重 3.60 克

—

**乾隆通宝
背满文"宝昌"**

清 | 铜

直径 2.49 厘米
孔径 0.53 厘米
厚度 0.12 厘米
重 4.02 克

—

**乾隆通宝
背满文"宝昌"**

清 | 铜

直径 2.50 厘米
孔径 0.55 厘米
厚度 0.13 厘米
重 4.03 克

—

**乾隆通宝
背满文"宝桂"**

清 | 铜

直径 2.53 厘米
孔径 0.48 厘米
厚度 0.13 厘米
重 3.91 克
—

**乾隆通宝
背满文"宝桂"**

清 | 铜

直径 2.39 厘米
孔径 0.50 厘米
厚度 0.14 厘米
重 4.37 克
—

**乾隆通宝
背满文"宝福"**

清｜铜

直径 2.43 厘米
孔径 0.54 厘米
厚度 0.14 厘米
重 4.14 克
—

**乾隆通宝
背满文"宝福"**

清｜铜

直径 2.49 厘米
孔径 0.51 厘米
厚度 0.13 厘米
重 3.96 克
—

**乾隆通宝
背满文"宝南"**

清｜铜

直径 2.42 厘米
孔径 0.59 厘米
厚度 0.13 厘米
重 4.19 克
—

**乾隆通宝
背满文"宝南"**

清｜铜

直径 2.43 厘米
孔径 0.56 厘米
厚度 0.12 厘米
重 3.25 克
—

**乾隆通宝
背满文"宝广"**

清 | 铜

直径 2.16 厘米
孔径 0.61 厘米
厚度 0.06 厘米
重 1.46 克
—

**乾隆通宝
背满文"宝广"**

清 | 铜

直径 2.18 厘米
孔径 0.57 厘米
厚度 0.10 厘米
重 2.39 克
—

古钱 — 181

**乾隆通宝
背满文"宝直"**

清 | 铜

直径 2.23 厘米
孔径 0.51 厘米
厚度 0.14 厘米
重 3.48 克

—

**乾隆通宝
背满文"宝直"**

清 | 铜

直径 2.40 厘米
孔径 0.51 厘米
厚度 0.14 厘米
重 4.48 克

—

**乾隆通宝
背满文"宝济"**

清｜铜

直径 2.51 厘米
孔径 0.58 厘米
厚度 0.09 厘米
重 3.23 克
—

**乾隆通宝
背满文"宝晋"**

清｜铜

直径 2.43 厘米
孔径 0.51 厘米
厚度 0.14 厘米
重 4.10 克
—

**嘉庆通宝
背满文"宝泉"**

清｜铜

直径 2.55 厘米
孔径 0.56 厘米
厚度 0.11 厘米
重 3.65 克

—

**嘉庆通宝
背满文"宝源"**

清｜铜

直径 2.63 厘米
孔径 0.54 厘米
厚度 0.13 厘米
重 4.67 克

—

嘉庆通宝
背满文"宝源"

清｜铜

直径 2.37 厘米
孔径 0.54 厘米
厚度 0.12 厘米
重 3.59 克
—

嘉庆通宝
背满文"宝川"

清｜铜

直径 2.56 厘米
孔径 0.48 厘米
厚度 0.13 厘米
重 4.25 克
—

**嘉庆通宝
背满文"宝川"**

清｜铜

直径 2.37 厘米
孔径 0.51 厘米
厚度 0.13 厘米
重 1.22 克
—

**嘉庆通宝
背满文"宝川"**

清｜铅

直径 2.30 厘米
孔径 0.44 厘米
厚度 0.10 厘米
重 2.59 克
—

**嘉庆通宝
背满文"宝川"**

清 | 锌

直径 2.30 厘米
孔径 0.47 厘米
厚度 0.10 厘米
重 1.93 克
—

**嘉庆通宝
背满文"宝云"**

清 | 铜

直径 2.50 厘米
孔径 0.45 厘米
厚度 0.13 厘米
重 4.75 克
—

**嘉庆通宝
背满文"宝云"**

清｜锌

直径 2.28 厘米
孔径 0.52 厘米
厚度 0.10 厘米
重 2.04 克

—

**嘉庆通宝
背满文"宝黔"**

清｜铜

直径 2.58 厘米
孔径 0.47 厘米
厚度 0.15 厘米
重 4.72 克

—

**嘉庆通宝
背满文"宝黔"**

清｜铜

直径 2.20 厘米
孔径 0.53 厘米
厚度 0.09 厘米
重 2.83 克
—

**嘉庆通宝
背满文"宝陕"**

清｜铜

直径 2.47 厘米
孔径 0.52 厘米
厚度 0.13 厘米
重 4.16 克
—

**嘉庆通宝
背满文"宝陕"**

清 | 铜

直径 2.19 厘米
孔径 0.49 厘米
厚度 0.17 厘米
重 4.89 克

—

**嘉庆通宝
背满文"宝浙"**

清 | 铜

直径 2.51 厘米
孔径 0.52 厘米
厚度 0.13 厘米
重 4.35 克

—

嘉庆通宝
背满文"宝浙"

清｜铜

直径 2.30 厘米
孔径 0.56 厘米
厚度 0.13 厘米
重 3.96 克

—

嘉庆通宝
背满文"宝浙"

清｜铜

直径 2.28 厘米
孔径 0.57 厘米
厚度 0.15 厘米
重 4.19 克

—

**嘉庆通宝
背满文"宝武"**

清 | 铜

直径 2.53 厘米
孔径 0.63 厘米
厚度 0.13 厘米
重 4.52 克

—

**嘉庆通宝
背满文"宝苏"**

清 | 铜

直径 2.54 厘米
孔径 0.58 厘米
厚度 0.16 厘米
重 5.17 克

—

嘉庆通宝
背满文"宝昌"

清｜铜

直径 2.49 厘米
孔径 0.53 厘米
厚度 0.13 厘米
重 4.06 克
—

嘉庆通宝
背满文"宝桂"

清｜铜

直径 2.54 厘米
孔径 0.51 厘米
厚度 0.12 厘米
重 3.98 克
—

**嘉庆通宝
背满文"宝福"**

清｜铜

直径 2.37 厘米
孔径 0.61 厘米
厚度 0.13 厘米
重 4.12 克

—

**嘉庆通宝
背满文"宝福"**

清｜铜

直径 2.01 厘米
孔径 0.50 厘米
厚度 0.10 厘米
重 1.88 克

—

**嘉庆通宝
背满文"宝福"**

清｜铜

直径 2.45 厘米
孔径 0.57 厘米
厚度 0.15 厘米
重 4.68 克
—

**嘉庆通宝
背满文"宝南"**

清｜铜

直径 2.46 厘米
孔径 0.57 厘米
厚度 0.14 厘米
重 4.47 克
—

**嘉庆通宝
背满文"宝广"**

清 | 铜

直径 2.55 厘米
孔径 0.56 厘米
厚度 0.13 厘米
重 4.29 克

—

**嘉庆通宝
背满文"宝直"**

清 | 铜

直径 2.49 厘米
孔径 0.54 厘米
厚度 0.14 厘米
重 4.65 克

—

嘉庆通宝
背满文"宝直"

清｜铜

直径 2.06 厘米
孔径 0.59 厘米
厚度 0.09 厘米
重 1.67 克
—

嘉庆通宝
背满文"宝东"

清｜铜

直径 2.51 厘米
孔径 0.51 厘米
厚度 0.12 厘米
重 3.97 克
—

**道光通宝
背满文"宝泉"**

清｜铜

直径 2.50 厘米
孔径 0.51 厘米
厚度 0.13 厘米
重 4.53 克
—

**道光通宝
背满文"宝源"**

清｜铜

直径 2.42 厘米
孔径 0.51 厘米
厚度 0.14 厘米
重 4.43 克
—

**道光通宝
背满文"宝川"
母钱**

清｜铜

直径 2.31 厘米
孔径 0.48 厘米
厚度 0.16 厘米
重 4.08 克

—

**道光通宝
背满文"宝川"
母钱**

清 | 铜

直径 2.20 厘米
孔径 0.55 厘米
厚度 0.15 厘米
重 3.50 克
—

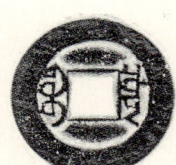

**道光通宝
背满文"宝川"
母钱**

清 | 铜

直径 2.26 厘米
孔径 0.48 厘米
厚度 0.16 厘米
重 4.63 克
—

**道光通宝
背满文"宝云"**

清 | 铜

直径 2.48 厘米
孔径 0.50 厘米
厚度 0.13 厘米
重 4.40 克

—

**道光通宝
背满文"宝黔"**

清 | 铜

直径 2.53 厘米
孔径 0.50 厘米
厚度 0.12 厘米
重 3.99 克

—

**道光通宝
背满文"宝陕"**

清 | 铜

直径 2.21 厘米
孔径 0.49 厘米
厚度 0.17 厘米
重 4.52 克
—

**道光通宝
背满文"宝浙"**

清 | 铜

直径 2.42 厘米
孔径 0.49 厘米
厚度 0.15 厘米
重 4.75 克
—

**道光通宝
背满文"宝武"**

清｜铜

直径 2.40 厘米
孔径 0.58 厘米
厚度 0.14 厘米
重 3.67 克
—

**道光通宝
背满文"宝苏"**

清｜铜

直径 2.37 厘米
孔径 0.60 厘米
厚度 0.14 厘米
重 4.02 克
—

**道光通宝
背满文"宝昌"**

清 | 铜

直径 2.52 厘米
孔径 0.58 厘米
厚度 0.14 厘米
重 4.35 克
—

**道光通宝
背满文"宝桂"**

清 | 铜

直径 2.53 厘米
孔径 0.54 厘米
厚度 0.13 厘米
重 4.57 克
—

**道光通宝
背满文"宝桂"**

清｜铜

直径 2.25 厘米
孔径 0.57 厘米
厚度 0.10 厘米
重 2.43 克
—

**道光通宝
背满文"宝南"**

清｜铜

直径 2.21 厘米
孔径 0.55 厘米
厚度 0.14 厘米
重 3.38 克
—

**道光通宝
背满文"宝广"**

清｜铜

直径 2.49 厘米
孔径 0.51 厘米
厚度 0.14 厘米
重 4.51 克

—

**道光通宝
背满文"宝广"**

清｜铜

直径 1.94 厘米
孔径 0.60 厘米
厚度 0.05 厘米
重 1.20 克

—

**道光通宝
背满文"宝东"**

清｜铜

直径 2.54 厘米
孔径 0.55 厘米
厚度 0.14 厘米
重 4.70 克
—

道光通宝

清｜铜

直径 2.03 厘米
孔径 0.52 厘米
厚度 0.07 厘米
重 1.55 克
—

**咸丰通宝
背满文"宝泉"**

清｜铜

直径 2.34 厘米
孔径 0.62 厘米
厚度 0.14 厘米
重 4.00 克
—

**咸丰通宝
背满文"宝川"**

清｜锌

直径 2.24 厘米
孔径 0.48 厘米
厚度 0.12 厘米
重 2.74 克
—

**咸丰重宝
背满文"宝川"
汉文"当十"**

清 | 铜

直径 3.67 厘米
孔径 0.75 厘米
厚度 0.21 厘米
重 14.19 克

—

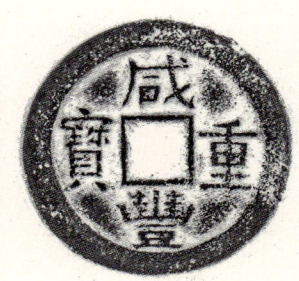

**咸丰通宝
背满文"宝川"
母钱**

清 | 铜

直径 2.25 厘米
孔径 0.55 厘米
厚度 0.17 厘米
重 4.40 克

——

**咸丰通宝
背满文"宝川"**

清｜铜

直径 2.25 厘米
孔径 0.56 厘米
厚度 0.11 厘米
重 2.93 克
—

**咸丰通宝
背满文"宝川"
逆背**

清｜铜

直径 2.08 厘米
孔径 0.51 厘米
厚度 0.11 厘米
重 2.43 克
—

咸丰通宝
背满文"宝云"

清 | 铜

直径 2.52 厘米
孔径 0.49 厘米
厚度 0.12 厘米
重 4.11 克
—

咸丰通宝
背满文"宝黔"

清 | 铜

直径 2.44 厘米
孔径 0.55 厘米
厚度 0.14 厘米
重 4.52 克
—

咸丰通宝
背满文"宝东"
反书

清｜铜

直径 2.06 厘米
孔径 0.64 厘米
厚度 0.09 厘米
重 2.35 克
—

**咸丰通宝
背满文"宝东"**

清 | 铜

直径 2.33 厘米
孔径 0.62 厘米
厚度 0.09 厘米
重 2.69 克
—

**咸丰通宝
背满文"宝陕"**

清 | 铜

直径 2.21 厘米
孔径 0.57 厘米
厚度 0.14 厘米
重 3.57 克
—

古钱 — 215

**咸丰通宝
背满文"宝浙"**

清｜铜

直径 1.71 厘米
孔径 0.58 厘米
厚度 0.08 厘米
重 1.20 克
—

**咸丰通宝
背满文"宝武"**

清｜铜

直径 2.27 厘米
孔径 0.67 厘米
厚度 0.12 厘米
重 3.21 克
—

**咸丰通宝
背满文"宝苏"**

清｜铜

直径 2.25 厘米
孔径 0.57 厘米
厚度 0.12 厘米
重 3.24 克
—

**咸丰通宝
背满文"宝昌"**

清｜铜

直径 2.36 厘米
孔径 0.53 厘米
厚度 0.12 厘米
重 3.53 克
—

**咸丰通宝
背满文"宝桂"**

清｜铜

直径 2.16 厘米
孔径 0.56 厘米
厚度 0.10 厘米
重 2.78 克
—

**咸丰通宝
背满文"宝巩"**

清｜铜

直径 2.01 厘米
孔径 0.55 厘米
厚度 0.12 厘米
重 2.56 克
—

**咸丰通宝
背满文"宝台"**

清 | 铜

直径 2.52 厘米
孔径 0.52 厘米
厚度 0.12 厘米
重 4.02 克

—

**咸丰通宝
背满文"宝洲"**

清 | 铜

直径 2.21 厘米
孔径 0.58 厘米
厚度 0.09 厘米
重 2.47 克

—

太平天国
背"圣宝"

清｜铜

直径 2.23 厘米
孔径 0.51 厘米
厚度 0.13 厘米
重 3.19 克
—

同治通宝
背满文"宝川"

清｜铜

直径 2.34 厘米
孔径 0.57 厘米
厚度 0.10 厘米
重 3.50 克
—

同治通宝
背满文"宝云"

清｜铜

直径 2.45 厘米
孔径 0.57 厘米
厚度 0.11 厘米
重 3.26 克
—

同治通宝
背满文"宝浙"

清｜铜

直径 2.12 厘米
孔径 0.61 厘米
厚度 0.10 厘米
重 2.37 克

—

同治通宝
背满文"宝苏"

清｜铜

直径 2.25 厘米
孔径 0.56 厘米
厚度 0.17 厘米
重 4.33 克

—

**同治通宝
背满文"宝苏"**

清｜铜

直径 1.82 厘米
孔径 0.60 厘米
厚度 0.07 厘米
重 1.35 克
—

**同治通宝
背满文"宝昌"**

清｜铜

直径 2.08 厘米
孔径 0.59 厘米
厚度 0.11 厘米
重 2.55 克
—

**同治通宝
背满文"宝昌"**

清｜铜

直径 1.86 厘米
孔径 0.56 厘米
厚度 0.09 厘米
重 1.49 克
—

**同治通宝
背满文"宝东"**

清｜铜

直径 2.06 厘米
孔径 0.57 厘米
厚度 0.08 厘米
重 1.83 克
—

**同治通宝
背满文"宝巩"**

清｜铜

直径 1.72 厘米
孔径 0.60 厘米
厚度 0.10 厘米
重 1.55 克
—

**同治通宝
背满文"宝巩"
汉文"当十"**

清｜铜

直径 2.27 厘米
孔径 0.56 厘米
厚度 0.14 厘米
重 3.98 克
—

**同治通宝
背满文"宝洲"
上"申"**

清丨铜

直径 2.24 厘米
孔径 0.64 厘米
厚度 0.09 厘米
重 2.22 克
—

**同治通宝
背满文"宝洲"
上"川"**

清 | 铜

直径 2.16 厘米
孔径 0.57 厘米
厚度 0.10 厘米
重 2.85 克
—

同治通宝

清 | 铜

直径 1.58 厘米
孔径 0.49 厘米
厚度 0.09 厘米
重 1.19 克
—

光绪通宝
背满文"宝川"

清｜铜

直径 2.29 厘米
孔径 0.64 厘米
厚度 0.13 厘米
重 3.62 克
—

光绪通宝
背满文"宝云"

清｜铜

直径 2.17 厘米
孔径 0.59 厘米
厚度 0.09 厘米
重 2.42 克
—

**光绪通宝
背满文"宝黔"**

清 | 铜

直径 2.05 厘米
孔径 0.52 厘米
厚度 0.13 厘米
重 2.48 克
—

民国

**民国通宝
背"东川"**

民国 | 铜

直径 1.69 厘米
孔径 0.51 厘米
厚度 0.09 厘米
重 1.22 克
—

国外钱币

越南

景兴通宝

后黎 | 钜

直径 1.91 厘米
孔径 0.58 厘米
厚度 0.06 厘米
重 1.00 克
—

景兴通宝

后黎 | 铜

直径 2.45 厘米
孔径 0.63 厘米
厚度 0.10 厘米
重 3.50 克
—

景兴巨宝

后黎 | 铜

直径 2.31 厘米
孔径 0.57 厘米
厚度 0.08 厘米
重 2.28 克
—

景兴通宝

后黎 | 铜

直径 2.45 厘米
孔径 0.81 厘米
厚度 0.08 厘米
重 3.03 克
—

景兴通宝

后黎｜铜

直径 2.38 厘米
孔径 0.57 厘米
厚度 0.08 厘米
重 2.88 克
—

景盛通宝

西山｜铜

直径 2.12 厘米
孔径 0.56 厘米
厚度 0.06 厘米
重 1.25 克
—

光中通宝

西山｜铜

直径 2.24 厘米
孔径 0.55 厘米
厚度 0.07 厘米
重 1.96 克
—

嘉隆通宝

阮｜铜

直径 2.28 厘米
孔径 0.65 厘米
厚度 0.08 厘米
重 1.73 克
—

**宽永通宝
背"元"**

江户幕府｜铜

直径 2.19 厘米
孔径 0.55 厘米
厚度 0.11 厘米
重 2.31 克
—

宽永通宝

江户幕府｜铜

直径 2.49 厘米
孔径 0.58 厘米
厚度 0.10 厘米
重 3.24 克
—

宽永通宝
背"文"

江户幕府 | 铜

直径 2.49 厘米
孔径 0.52 厘米
厚度 0.10 厘米
重 2.60 克
—

元丰通宝

室町幕府 | 铜

直径 2.40 厘米
孔径 0.63 厘米
厚度 0.08 厘米
重 2.36 克
—

压胜钱

元

周天列宿

元丨铜

直径 2.26 厘米
孔径 0.38 厘米
厚度 0.18 厘米
重 3.54 克

—

清

**凤池染翰
背龙凤**

清 | 铜

直径 3.45 厘米
孔径 0.79 厘米
厚度 0.19 厘米
重 10.37 克
—

 ·遗址出土历代钱币卷·

机制币

清

**光绪元宝
四川省造十文**

清｜铜

直径 2.80 厘米
厚度 0.16 厘米
重 7.18 克
—

**光绪元宝
湖北省造十文**

清｜铜

直径 2.79 厘米
厚度 0.17 厘米
重 7.33 克
—

大清铜币
　"川"字户部十文

清｜铜

直径 2.85 厘米
厚度 0.16 厘米
重 7.18 克
—

大清铜币
　"川"字户部二十文

清　铜

直径 3.37 厘米
厚度 0.22 厘米
重 14.00 克
—

大清铜币
"川"字度支部十文

清｜铜

直径 2.82 厘米
厚度 0.15 厘米
重 6.74 克

一

民国二年
四川造币厂造双旗二百文

民国｜铜

直径 4.20 厘米
厚度 0.22 厘米
重 22.36 克

一

**民国十五年
"川"字嘉禾二百文**

民国｜铜

直径 3.51 厘米
厚度 0.16 厘米
重 13.13 克

—

**宜宾工会
代用币二十文**

民国｜铅

直径 2.54 厘米
厚度 0.12 厘米
重 7.04 克

—

后记

"历朝几许兴亡恨，都付不言阿堵中"，钱币虽小如青蚨，却动静有时、行藏有节，在方寸间见证了朝代的兴衰与更替，是中国古代物质文化遗存的重要组成部分，具有独特的研究价值。江口沉银遗址中出土的历代钱币，不仅是该遗址中类型最丰富、时代跨度最大的遗物，同时与既往传世钱币和出土钱币相比，在数量和种类上蔚为大观，在埋藏环境和发掘方式上独一无二，是近年来钱币学研究领域极为难得的考古材料。

为了能更科学地刊布这批资料，本书在样本的选择上不以奇珍异宝为追求对象，而是在对江口沉银遗址三个年度（2017年、2018年、2020年）出土的72402枚钱币逐一整理的基础上，参考已有的钱币学研究成果，对每一枚钱币的年代展开判定，并对不同版别、不同材质、不同性质的钱币进行初步划分，根据钱币出土数量、种类上的特点，选择各时代最具代表性的395枚样本，这些样本基本涵盖了江口沉银遗址出土钱币的主要类别。在资料刊布方式上，本书按照钱币原大、将照片与拓片相结合，详细记录每枚钱币的尺寸、重量，以年代为线索将铜钱、铁钱、铅钱等不同材质的钱币逐一罗列，希望能够结构清晰、简洁精炼、客观准确地勾勒出江口钱币的全貌，力求读者能对江口沉银遗址出土历代钱币有较为客观的认识。

"一时代之学术，必有其新材料与新问题。"江口沉银遗址出土钱币的"新"一方面是通过考古学手段揭示了新的考古材料；另一方面，独特的埋藏环境、惊人的埋藏数量也为研究者提出了新问题，带来了新挑战。长期以来，中国考古学主要通过陆上考古发掘获取考古材料，而江口沉银遗址则开创了围堰考古的先例，拓宽了田野考古获取材料的维度，这也要求学者有更新颖的方法、更多元的视角，运用多学科手段阐释遗址内不同时代遗物的出现原因、埋藏特点以及背后所涉及的历史问题。因此，江口沉银遗址出土的历代钱币不再是分期断代的工具，而是研究古代社会生活的重要切入点。本书希望能够抛砖引玉，通过新材料的刊布引出新的学术讨论。

作为江口沉银遗址中形态最微小、数量最宏大的遗物，出土钱币无论是在发掘还是整理的过程中都存在一定难度，因此本书的完成离不开每一位发掘、整理、文保、摄影工作人员兢兢业业的付出，正是每个环节的精准无误，才有可能形成客观、准确的考古资料。

图录中的基础资料由四川大学的邱添先生负责整理完成，文物照片分别由四川省文物考古研究院的鲁海子先生和王海龙先生拍摄。本书的出版得到国家文物局、中共四川省委宣传部、四川省文化和旅游厅、四川省文物局的支持和诸多专家学者的指导与帮助，在此表达衷心的感谢。

图书在版编目（CIP）数据

江口沉银：四川彭山江口古战场遗址文物考古研究丛书. 江口沉银遗址出土历代钱币卷 / 四川省文物考古研究院, 国家文物局考古研究中心, 眉山市彭山区文物保护研究所编. -- 成都：巴蜀书社, 2023.6

ISBN 978-7-5531-1835-2

Ⅰ. ①江… Ⅱ. ①四… ②国… ③眉… Ⅲ. ①古战场—文化遗址—考古发掘—研究—眉山—明代②古钱(考古)—研究—眉山—明代 Ⅳ. ①K878.04②K875.64

中国版本图书馆CIP数据核字(2022)第197936号

JIANGKOU CHENYIN YIZHI CHUTU LIDAI QIANBI JUAN

江口沉银遗址出土历代钱币卷

四川省文物考古研究院　国家文物局考古研究中心　眉山市彭山区文物保护研究所　编

策　划	周　颖　吴焕姣
责任编辑	王　莹　白　雅
封面设计	李中果
内文设计	四川胜翔数码印务设计有限公司
出　版	巴蜀书社
	四川省成都市锦江区三色路238号新华之星A座36楼　邮编：610023
	总编室电话：（028）86361843
网　址	www.bsbook.com
发　行	巴蜀书社
	发行科电话：（028）86361852
经　销	新华书店
印　刷	雅昌文化（集团）有限公司
版　次	2023年6月第1版
印　次	2023年6月第1次印刷
成品尺寸	210mm×285mm
印　张	15.75
字　数	250千
书　号	ISBN 978-7-5531-1835-2
定　价	480.00元

本书若出现印装质量问题，请与工厂联系调换